Alexandra Reinwarth

Am Arsch vorbei geht auch ein Weg

Das Kochbuch

Holen Sie sich das ultimative
»Am-Arsch-vorbei«-Lebensgefühl
unbedingt auch online unter
www.am-arsch-vorbei.de
oder besuchen Sie uns auf Facebook.

Alexandra Reinwarth

Am Arsch vorbei geht auch ein Weg

Das Kochbuch

60 lässige Rezepte, die wirklich jedem gelingen

mvgverlag

INHALT

EINLEITUNG

Reden wir offen: Ich bin keine gute Köchin – und selbst diese Aussage ist untertrieben. Als ich verkündete, ich werde ein Kochbuch machen, kam von Leuten (und zwar von Leuten, die ich zu meinen Freunden zähle!) stets die gleiche Reaktion – kennen Sie diese offiziellen Stadien von Trauer? Die gab es bei mir so ähnlich:

1. Die Verleugnung: »Das ist nicht dein Ernst – das glaub ich nicht!«
2. Das Verhandeln: »Aber du machst das mit jemandem zusammen, der das kann, oder?«
3. Lange nichts, dann:
4. Das Akzeptieren: »Na dann.«

Diese Reaktion mag Sie in ihrer Heftigkeit überraschen, mich überrascht sie nicht. Meine Freunde wissen nämlich, dass wegen meiner Kochkünste schon mal die Feuerwehr angerückt ist (es ging um Röstaromen, ich möchte nicht weiter drüber reden) – und sie werden das auch nie vergessen. Ich werde es leider auch nie vergessen, denn sie erinnern mich immer wieder daran.

Ich: »Wollen wir am Wochenende grillen?«
Freunde: »Aber nicht bei dir – weißt du noch, als ...?«
Ich: »Spaghetti! Wie wär's mit Spaghetti?«

Dass mir in Küchendingen wenig bis überhaupt keine Kompetenz zugesprochen wird, hängt auch damit zusammen, dass ich keinerlei Hehl daraus mache, wie ungern ich koche. Irgendeine mitleidige, höhere Macht hat mir stets Lebensgefährten beschert, die ausgesprochen begeisterte Hobbyköche sind – und das ist für alle Beteiligten ein großes Glück.

Obwohl ich nicht gerne koche, aber auch essen will, wenn der Mann meines Herzens gerade nicht in der Küche steht, und auch, weil das Kind vehement auf die Versorgung durch Lebensmittel besteht, tue ich es eben doch.

Das geht manchmal gut, manchmal mittel und manchmal in die Hose, und so hat sich im Laufe der Jahre ein Potpourri an Rezepten angesammelt, die gut klappen. Das heißt, es kommt mit möglichst wenig Aufwand und/oder pipileichter Vorgehensweise etwas dabei heraus, das schmeckt – obwohl es von mir ist. Das ist auch die einzige Voraussetzung für die Rezepte in diesem Buch.

Wenn Sie auch eher so mittel gerne oder mittel gut kochen, wenn bei Ihnen auch schon mal die Feuerwehr angerückt ist, nur weil Sie etwas gebraten haben, wenn Sie Freunde zum Essen einladen wollen, die es auch bleiben sollen, oder wenn Sie ebenfalls Kinder haben, die auf Nahrungsaufnahme bestehen: Herzlich willkommen. Wir kriegen das hin. Wär doch gelacht.

In diesem Sinne und mit einem herzlichen toi, toi, toi
Ihre Alexandra Reinwarth

Ein paar Worte vorneweg

Sie werden bei den Zutaten des Öfteren auf die Maßeinheit »1 Becher« oder »1 Tasse« stoßen. Damit meine ich keine Espressotasse, keinen riesigen Humpen, sondern einen ganz normalen Kaffeebecher. Ich habe nachgemessen: In meinen Kaffeebecher gehen so 250 Milliliter.

Wenn rezeptbedingt eine Auflaufform nötig ist, sage ich Ihnen auch nicht, wie viele Zentimeter im Quadrat die haben muss – Sie nehmen einfach eine, in die das Zeug reinpasst, das wir gerade kochen.

Wenn etwas in Öl gebraten oder gedünstet werden muss, werden Sie bei den Zutaten meistens »etwas Öl« finden und nicht die Angabe 2, 3 oder 1¾ Esslöffel Öl. Sie sind ja schon groß und ich bin mir sicher, das kriegen Sie hin.

Vielleicht fällt Ihnen auf, dass es mehr Rezepte mit Huhn als Schwein gibt, dass sich die veganen Gerichte in Grenzen halten und dass das Kapitel »Süßkram« etwas umfangreicher ist als die anderen. Das kommt daher, dass dies kein gewöhnliches Kochbuch ist, welches sich um Ausgewogenheit bemüht. Die Gerichte müssen keine Bedingung erfüllen außer, dass ich sie lecker finde. Und Sie hoffentlich auch.

TRÖSTENDE GERICHTE (WARM UND WEICH)

Trost kann in vielerlei Form daherkommen: als innige Umarmung oder als kumpelhaftes Schulterklopfen, in Form von aufmunternden Worten, einer lieben Whatsapp oder einer Flasche Schnaps. Und eben auch in Form eines Gerichts.

Wie das funktioniert, kennen alle, die als Kind krank, traurig oder sonst wie angeschlagen eine dampfende Hühnersuppe ans Bett gebracht bekommen haben: »Komm Schatz, dann geht's dir gleich besser.«

Essen kann den Gemütszustand erhellen, Liebeskummer erträglicher machen und allgemeinen Unmut lindern, ob den einer Freundin, die schniefend auf dem Sofa sitzt und auf den Ex, die Welt und den ganzen Rest schimpft, oder den eigenen. Probleme jedweder Art sehen in warmen, weichen Kartoffelbrei gepackt schon gleich viel weniger dramatisch aus. Und wenn noch ein bisschen flüssige Butter oben in einem kleinen Kartoffelbreikrater schwimmt, dann bekommt man eventuell schon wieder ein Lächeln hin.

KARTOFFEL-LAUCH-KÄSE-SUPPE

Die lieben alle, ich versprech's. Idealerweise ist es draußen kalt und die Suppe erwartet Sie, wenn Sie durchgefroren nach Hause kommen. Wenn da keine Suppe wartet, ist sie aber auch schnell gemacht.

Zutaten für 2 Portionen

- 2 große Kartoffeln (ca. 500 g)
- ⅓ Stange Lauch
- ½ Becher Sahne (100 g)
- 1 Handvoll (100–150 g) geriebener Cheddar-Käse (mittelalter Gouda geht auch)
- 1 Ecke Gemüsebrühwürfel (nach Belieben)
- 1 Blätterteig (optional)
- Salz, Pfeffer

1. Den Lauch halbieren, waschen und quer in dünne Streifen schneiden. Kartoffeln schälen, vierteln, in einem Topf knapp mit Wasser bedecken und gemeinsam mit der Hälfte der Lauchstreifen sehr weich kochen. Vom Kochwasser eine Tasse voll aufheben, den Rest abgießen.

2. Die Kartoffeln im Kochtopf zerstampfen, der Lauch bleibt auch drin. Das Püree mit dem aufgefangenen Kochwasser und der Sahne aufgießen und durchpürieren.

3. Die Hälfte des Käses und nach Belieben das Brühwürfelstück dazugeben und die Suppe noch mal ganz leicht aufkochen lassen, damit der Käse schmilzt. Die Suppe mit Salz und Pfeffer abschmecken und auf zwei Schalen verteilen. Packen Sie am Ende nochmal die andere halbe Handvoll Cheddar und Lauch oben drauf, das sieht hübsch aus.

Tipp:

Nicht zu lange pürieren, sonst wird die Suppe zu einem glänzenden Brei, da sich beim Pürieren die Kartoffelstärke löst.

Tipp:

Wer Eindruck schinden will, füllt die Suppe in ofentaugliche Schalen, bedeckt sie mit einem Stück Blätterteig aus dem Supermarkt und lässt sie ca. 15 Minuten bei 200 °C Oberhitze im Ofen überbacken.

Tipps:

- Wer keine Crème fraîche zur Hand hat: Ein Löffel Naturjoghurt tut's auch.

- Wegen der Optik ist es immer ratsam, etwas Petersilie zum Drüberstreuen im Haus zu haben. Schaffen Sie sich gleich einen Topf an. Und falls Ihnen eh immer alles verdorrt: Tiefgefrorene Petersilie geht auch.

HÜBSCHER KICHERERBSENEINTOPF

Ein wahnsinnig gemütliches Essen – ein bisschen wie Chili, nur ohne Chili. Man kann außerdem guten Gewissens noch dreimal nachnaschen, ohne dass man am nächsten Tag vier Kilo mehr wiegt, und bei Kindern kommt es auch gut an (der Mais macht es nämlich schön süßlich).

Zutaten für 4 Portionen

- 1 Dose Kichererbsen (Inhalt 400 g)
- 1 Zwiebel
- 1 Knoblauchzehe
- etwas Olivenöl
- 1 Dose stückige Tomaten (Inhalt 400 g)
- 1 Dose Mais (eine von den kleinen, wo es immer so 3er-Packs gibt)
- 200 ml Gemüsebrühe
- 2 TL Currypulver
- 2 TL edelsüßes Paprikapulver
- Salz, Pfeffer
- ca. 4 EL Crème fraîche (nach Belieben)

1. Die Zwiebel und den Knoblauch schälen und klein hacken und in einem großen Topf in Olivenöl auf kleiner Flamme ein paar Minuten andünsten.

2. Dann den ganzen Rest (bis auf die Crème fraîche) dazuschütten, also: die Tomaten, die Kichererbsen, den Mais, die Brühe und die Gewürze, und alles 20 Minuten köcheln lassen.

3. Den Eintopf mit Salz und Pfeffer abschmecken, auf vier Schalen verteilen und mit einem Plopp Crème fraîche (falls vorhanden) obendrauf servieren.

GOLDIGE KÄSESPÄTZLE MIT CHAMPIGNONS

Käsespätzle oder ihre Reinform, die Spätzle, verbreiten schon aufgrund ihrer Konsistenz Zufriedenheit. Sie können die Spätzle natürlich fertig im Supermarkt kaufen – Sie können sie aber auch selbst machen, zum Beispiel weil der Supermarkt zu hat und sie außerdem besser schmecken. Für meine Art, Spätzle selbst zu machen, würde ich in Schwaben vermutlich ausgepeitscht, aber machen Sie das ruhig nach, es funktioniert großartig.

Zutaten für 2–3 Portionen

Für die Spätzle:
- 200 g Mehl
- 3 Eier
- evtl. 1 EL Wasser
- 1 Prise Salz

Außerdem:
- 1 Nudelsieb

Für die Spätzle:

1. Sie brauchen einen großen Topf mit reichlich kochendem Wasser und einen Topf oder eine Schüssel mit kaltem, gesalzenem Wasser daneben.

2. Während das Wasser heiß wird, prügeln Sie das Mehl, die Eier und bei Bedarf einen Esslöffel Wasser mit dem Kochlöffel in einer Schüssel, bis der Teig Blasen wirft. Geben Sie eine Prise Salz dazu und füllen Sie einen Teil des Teigs in das Nudelsieb, das Sie dann schnell über das mittlerweile kochende Wasser halten. Mit einem Löffelrücken drücken Sie dann den Teig durch die Löcher, bis er dick in das kochende Wasser tropft.

3. Die knubbeligen Fäden kochen ganz schnell an die Oberfläche. Machen Sie das mit dem ganzen Teig. Wenn dann alle Knubbel oben schwimmen, fischen Sie sie mit einem Schaumlöffel ab und werfen sie in das kalte, gesalzene Wasser. Seihen Sie die ganze Chose ab und Sie haben perfekte, selbst gemachte Spätzle.

4. Die können Sie in einer Pfanne in Butter goldbraun braten – oder Sie machen Käsespätzle mit Champignons daraus:

Fortsetzung auf der nächsten Seite ▶

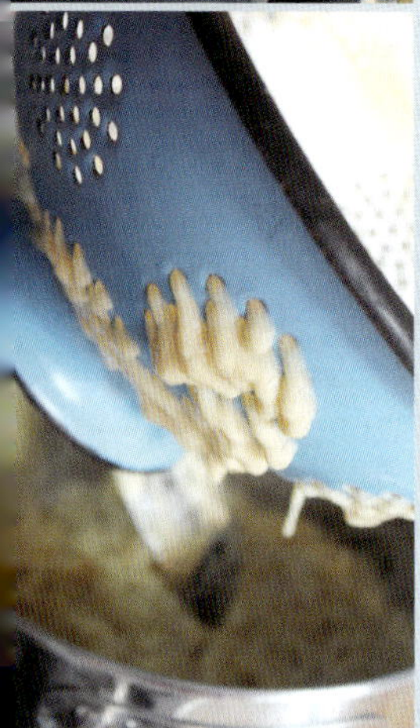

Für die Käsespätzle mit Champignons:

- die selbst gemachten oder Fertigspätzle (so 300–400 g)
- 1 große Zwiebel
- 400 g braune Champignons (wegen der Optik, weiße gehen auch)
- 200 g Bergkäse (Emmentaler, Appenzeller, Greyerzer …)
- 2 EL Butter
- frischer Thymian wäre schön, muss aber nicht
- Salz, Pfeffer

Für die Käsespätzle mit Champignons:

1. Die Zwiebel schälen und in feine Scheiben schneiden, die Champignons putzen und ebenfalls in Scheiben schneiden. Den Käse bei Bedarf entrinden und raspeln. Die Butter in einer großen Pfanne schmelzen und Zwiebeln und Pilze darin 5 bis 10 Minuten braten, bis die Zwiebeln weich sind und die Champignons die gewünschte Konsistenz haben.

2. Dann die Spätzle und (wenn sie welche haben) die Thymianblättchen dazugeben, kurz braten und den Käse unterheben. Sobald der Käse geschmolzen ist, die Käsespätzle mit Salz und Pfeffer abschmecken, fertig.

Tipps:

- Wer es gern süß mag: Die fertigen Spätzle kann man auch einfach mit Zucker und Zimt bestreuen und Apfelmus dazu reichen.
- Wenn Spätzle übrig bleiben, geben Sie einen Schuss Öl drüber, dann können sie im Kühlschrank weiterleben und auf ihren nächsten Einsatz warten.
- Für einfache Käsespätzle schichten Sie die gekochten Spätzle mit Butter und geriebenem Bergkäse in eine Auflaufform und überbacken das Ganze bei 200 °C Oberhitze im Ofen. Schmeckt noch besser mit braun gebratenen Zwiebelringen drauf.

MAC AND CHEESE

Ein total abartiges Essen. Ich habe es vor vielen Jahren als Fertiggericht in einer Aluverpackung aus den USA geschickt bekommen, was gleich noch mal abartiger ist – und es hat auch wirklich lange gedauert, bis ich so verzweifelt war, dass ich die Packung aufgerissen und in einen Topf gekippt habe.
Aber seit diesem denkwürdigen Tag bin ich ein Fangirl von Mac and Cheese, es lebe Mac and Cheese! Alle Pompons fliegen hoooooch! Sie selbst fliegen nach diesem Essen nicht mehr ganz so leicht hoch, es deckt nämlich zweimal Ihren Tagesbedarf an Kalorien. Aber das ist es wert.

Zutaten für 2 Portionen

- 250 g Makkaroni-Nudeln (oder sonst welche)
- 2 ½ Tassen (650 ml) Milch
- 3 EL Butter
- 150 g geriebener Käse (z.B. Emmentaler, Cheddar, gerne mischen mit Parmesan)
- Salz, Pfeffer

1. Geben Sie die Nudeln, die Milch und die Butter in einen Topf und lassen Sie das kurz aufkochen. Dann bei mittlerer Hitze 10 Minuten köcheln lassen und regelmäßig umrühren.

2. Wenn die Nudeln bissfest sind, den Käse dazugeben und mit Salz und Pfeffer (oder noch mehr Käse) abschmecken.

Tipps:

- Wem der Geschmack zu öd ist, kann zusammen mit dem Käse noch einen Teelöffel Dijonsenf dazugeben.

- Fürs Auge und das Gewissen macht sich eine kleine Schüssel grüner Salat gut dazu – der gleicht die Kalorienzahl wieder aus.

HACENDADO
Aceite de Oliva Virgen Extra
Origen España
TOMATE
PELADO
CIDACOS
tomate
CONCENTRADO EXTRA

LASAGNESUPPE UND PSEUDO-LASAGNE

Lasagne ist nach dem Rad zweifellos eine der tollsten Erfindungen der Menschheit. Blöderweise ist der Aufwand, den man für Lasagne betreiben muss, unverhältnismäßig hoch. Bei mir zu Hause überschreitet dieser Aufwand meine persönliche Toleranzgrenze – gleichzeitig liebe ich Lasagne, was soll ich sagen: Es ist ein Dilemma. Also, es war ein Dilemma – denn dann kam eine gute Fee und hat mir eine Version gezeigt, die sich aufwandsmäßig verkraften lässt: Lasagnesuppe! Aus den Resten, falls es welche gibt, wird am nächsten Tag mit etwas Käse überbacken die Pseudo-Lasagne. Und die ist von einer echten Béchamel-Gemüsedünst-Schicht-Lasagne geschmacklich kaum zu unterscheiden.

Zutaten für 3–4 Portionen
(machen Sie die aber ruhig für sich alleine, das kommt in den nächsten Tagen weg …)

- 500 g gemischtes Hackfleisch
- 1 Zwiebel
- 2 Knoblauchzehen
- ca. 3 EL Olivenöl
- Salz, Pfeffer
- ½ l Gemüsebrühe
- 1 Dose stückige Tomaten (ca. 400 g)
- 2 EL Tomatenmark
- ½ TL getrockneter Oregano
- ½ TL getrockneter Thymian
- ½ TL getrockneter Rosmarin
- 20 Lasagneplatten
- 2 Schluck Rotwein
- etwas frisch geriebener Parmesan (muss aber nicht)
- etwas Crème fraîche (muss auch nicht)
- etwas gehackte Petersilie zum Dekorieren

1. Zwiebel und Knoblauch schälen und hacken und in einem großen Topf in Olivenöl dünsten, bis die Zwiebeln schön glasig sind. Das Hackfleisch dazu, krümelig braten, salzen und pfeffern.

2. Die Brühe, Tomaten, Tomatenmark und Kräuter sowie nach Belieben den Rotwein dazugeben und die Suppe bei kleiner Hitze zugedeckt 20 Minuten köcheln lassen.

3. In der Zwischenzeit die Lasagneplatten in mundgerechte Stücke brechen und in reichlich kochendem Salzwasser bissfest garen. Die Nudeln abgießen, zur fertigen Suppe geben und diese nach Belieben mit geriebenem Parmesan bestreut auftischen. Schick ist auch ein Tupfen Crème fraîche und etwas Petersilie obendrauf.

Fortsetzung auf der nächsten Seite ▶

Für die Pseudo-Lasagne:

- eine ofenfeste Auflaufform und 250 g geriebener Käse

Für die Pseudo-Lasagne:

Das Backrohr auf 200 °C vorheizen und die ganze Chose von oben in die Auflaufform kippen. Den geriebenen Käse darauf verteilen, 10 Minuten überbacken und schon haben Sie etwas gezaubert, das auch noch aussieht wie eine Lasagne.

Tipps:

- Das Verhältnis von Suppe zu Fleisch oder Nudeln ist Sache des persönlichen Geschmacks, stellen Sie sich ruhig Ihre eigene perfekte Kombi zusammen.
- Für die Pseudo-Lasagne eventuell etwas Flüssigkeit abschöpfen, falls die Suppe sehr suppig geworden ist.

PENNE BIRO

Penne Biro sind aus der Zwickmühle entstanden:
Das Kind will nur noch Nudeln mit Ketchup.
Ich will kein Ketchup – zumindest nicht so oft wie das Kind.
Das Resultat heißt Penne Biro und alle Kinder lieben es. Erwachsene übrigens auch.

Zutaten für 2 Portionen

- ¼ kg (eine halbe 500-Gramm-Packung) Penne oder irgendwelche anderen Nudeln
- 1 Dose passierte Tomaten (ca. 400 g)
- 1 gehäufter EL Mascarpone
- Salz

Für die Gourmet-Variante:
- ¼ Zwiebel
- 1 EL Butter
- 1 Handvoll Cherrytomaten

Für die einfache Variante die Penne al dente kochen, gleichzeitig in einer Pfanne oder einem Topf die passierten Tomaten erhitzen, den Mascarpone beimengen, die Sauce mit Salz abschmecken, gut umrühren, fertig.

Für die Gourmet Variante:
Zwiebel schälen, fein hacken und in Butter goldbraun anrösten. Eine Handvoll geviertelte Cherrytomaten dazugeben und einige Minuten weichkochen. Dann wie in der einfachen Variante fortfahren. Die Penne können auch mit italienischem Rohschinken (Prosciutto) als Topping serviert werden, das schmeckt großartig.

Tipps:
- Schmeckt noch besser, wenn man noch 1 bis 2 Teelöffel Olivenöl unterrührt.
- Zum Servieren mit Parmesan und/oder ein paar geviertelten Cherrytomaten verschönern, sieht hübsch aus und schmeckt gut. Auch 1 bis 2 Basilikumblätter obendrauf machen wenig Aufwand und mords was her.

SCHLICHTFISCH

Der Schlichtfisch ist hier, weil er mir die Angst vor der Zubereitung von Fisch genommen hat, und dafür bin ich ihm auf ewig dankbar.
Bis der Schlichtfisch kam, gab es Fisch nur in Form von Fischstäbchen in meiner Pfanne, alles andere war meiner Meinung nach etwas für Leute, die »richtig« kochen können. Ist ja auch wahr: Immer bleibt die doofe Haut in der Pfanne kleben, nie weiß man, wann das Ding durch ist, und wenn man das Werk aus der Pfanne holt, zerfällt es in tausend Teile.
Der Schlichtfisch macht all dies nicht. Er ist vielleicht keine herausragende Kreation, aber für Fischanfänger eine solide Wahl.

Zutaten für 1–2 Portionen

- 1 Filet von einem schlichten, weißen Fisch (z.B. Kabeljau, Wolfsbarsch, Forelle …)
- etwas Öl
- eine Ecke Butter
- 1 Ei
- 1 TL gehackter Dill (am besten frisch, aber getrocknet geht auch)
- 1 EL Mehl
- Salz

1. Das Filet in Streifen schneiden (so 3 Fingerbreit). Öl und Butter in einer Pfanne auf kleiner bis mittlerer Hitze erhitzen.

2. Während die Butter schmilzt, das Ei in einem Suppenteller verquirlen, den Dill und das Salz dazugeben. Das Mehl auf einen flachen Teller geben, die Filets darin wenden und dann durch die Ei-Dill-Sauce ziehen.

3. Die Filets in die Pfanne legen und auf jeder Seite etwa 4 Minuten braten.

4. Salat passt hervorragend dazu oder eine Ofenkartoffel und etwas Joghurt-Dip (siehe Seite 62).

WENN DIE GANZE SIPPE KOMMT

Ist es nicht wunderbar, wenn alle, die man gern hat, um einen großen Tisch sitzen, plaudern und lachen und sich rundherum wohlfühlen? Währenddessen eigene und mitgebrachte Kinder einen Großteil der Wohnung – sagen wir, umgestalten? Ich liebe das – besonders, wenn es diese Art von Besuch ist, die schon selber weiß, wo das Bier ist oder der Korkenzieher, und die sich auch nicht scheuen, von diesem Wissen Gebrauch zu machen.

Auf den Tisch, um den alle sitzen, gehören jede Menge Schüsseln, Gläser, Saucen, und Töpfe, jeder serviert sich und den anderen, und alles ergibt ein buntes, lautstarkes Chaos und KANN MIR JEMAND MAL DAS SALZ REICHEN?

Jedenfalls: Um das genießen zu können, braucht es Essen, das vorher fertig wird, sonst haben nämlich alle einen schönen Abend, während man selbst in der Küche steht und irgendetwas portionsweise in der Pfanne wendet. Haben Sie einmal aufgetischt, setzen Sie sich zwischen Ihre Lieben und lassen für Nachschub ruhig auch mal die anderen gehen: »Meine Liebe, kannst du noch ein bisschen Brot aufschneiden? Ich komme hier gerade ganz schlecht raus.«

STEINSALZ
nata
montar
bater
nata
montar
bater

ZARTES FLEISCH AUS DEM OFEN MIT PARMESANSAUCE

Eine herrliche Nummer. Es sieht superrosig aus, wenn es in Scheiben geschnitten auf den Tisch kommt, und zergeht auf der Zunge. Der Aufwand ist minimal, und man kann trotzdem sagen, es hat drei Stunden gedauert – dass Sie dabei nicht anwesend waren, muss ja niemand wissen.

Zutaten für 4 Portionen

- 800 g – 1 kg Rumpf oder Lende vom Rind
- etwas Butter
- 1 Becher (250 ml) Sahne
- 1 Glas (250 ml) Weißwein, trocken
- 100 g Parmesan
- 1 Zitrone
- Salz, Pfeffer

Für das Fleisch:

1. Den Backofen auf 80 °C vorheizen.

2. Das Fleisch sehr kräftig salzen und das Salz einziehen lassen. Mit Butter bei starker Hitze in der Pfanne auf jeder Seite eine Minute scharf anbraten. 5 Minuten abkühlen lassen, leicht pfeffern, auf ein sauberes, kaltes Backblech legen und im Backofen 2 ½ Stunden garen.

3. Medium rare: 52 °C Kerntemperatur für gut gereiftes, dunkles Fleisch, 54 °C für jüngeres, helles. Medium ist dann 55 bzw. 57 °C.

4. Herausnehmen, locker in Alufolie wickeln und noch 10 Minuten ziehen lassen. Währenddessen den Saft, der sich im Backblech gesammelt hat, in ein Schüsselchen geben, salzen und dann mitservieren, das ist Bratensaft und schmeckt lecker.

Fortsetzung auf der nächsten Seite ▶

Für die Parmesansauce:

1. Den Parmesan in eine Schüssel reiben.

2. Die Sahne bei kleiner Hitze vorsichtig auf etwa zwei Drittel der Menge einkochen, sie soll schön cremig sein. Gleichzeitig den Wein in einem weiteren Topf um die Hälfte einkochen. Die Sahne soll dabei nur leicht köcheln, der Wein fast gar nicht. Vom Herd nehmen, den Wein in die Sahne kippen, den Parmesan dazugeben, verrühren. Noch zwei, drei Spritzer Zitrone dazu, fertig.

3. Zum Servieren das Fleisch in Scheiben schneiden – je dünner, umso zarter ist es am Gaumen. Gerne etwas Bratensaft drüberträufeln und mit der Parmesansauce servieren.

Tipps:

- Parmesansauce kann aufgewärmt werden, soll aber nicht mehr aufkochen, der Parmesan gibt dann seine Fettanteile ab. Es schmeckt zwar immer noch gut, sieht aber nicht mehr schön aus.
- Wenn Sie ein Bratenthermometer haben: Das Bratenthermometer kommt so in das Fleisch, dass die Spitze in der Mitte ist.
- Dazu passt prima Salat, aber auch Gemüse jedweder Art.
- Wenn der Metzger die Fettschicht drangelassen hat, einfach rautenförmig einschneiden, nur halt nicht bis ins Fleisch schneiden.
- Wenn Sie es mal eilig haben: Es geht auch bei 120 °C, Garzeit ist dann etwa 45 bis 60 Minuten je Kilogramm Fleisch. Zarter wird es aber bei 80 °C.

BIERHUHN

Ein Bierhuhn ist nicht, wie fälschlicherweise oft angenommen, eine Schachtel Chicken Wings und ein Sixpack dazu, sondern: ein saftiges, duftendes, brutzelndes Huhn aus dem Ofen mit einer Dose Bier im … also im Allerwertesten. Klingt jetzt unangenehm, ist es auch, aber nur für das Huhn.

Zutaten für 4 Portionen

- 1 Hähnchen (1,25 kg, gerne in Bio-Qualität)
- 1 große Dose zimmerwarmes Bier (500 ml)
- 5–6 mittelgroße festkochende Kartoffeln
- etwas Olivenöl
- 5 Zweige Rosmarin (optional)
- 2–3 EL Weißwein
- Salz

Für die Marinade:

- 1 gehäufter EL süßes Paprikapulver
- 1 TL getrockneter Thymian
- 1 TL getrockneter Oregano
- 1 TL getrockneter Rosmarin
- 1 TL Honig
- 4–5 TL Olivenöl
- 1 TL Zitronensaft
- Salz

Außerdem:

- eine ofenfeste Auflaufform

1. Den Backofen auf 160 °C vorheizen, ein Backblech ganz unten reinschieben.

2. Alle Zutaten für die Marinade in einer Schale vermischen und zu einer klebrigen Pampe verrühren. Den Gockel damit gleichmäßig einpinseln, etwas Marinade für das Finale übriglassen.

3. Die Bierdose öffnen, ein Drittel austrinken, Dose mittig in die Auflaufform stellen und das Huhn über die Bierdose stülpen (ja, mit dem Popo zuerst). Die Kartoffeln waschen, halbieren und fächerartig einschneiden, mit Olivenöl einreiben und kräftig salzen.

4. Rund um das Huhn die Rosmarinzweige auslegen, die Kartoffeln kommen darauf.

5. Die Auflaufform in den Backofen (untere Schiene) schieben und Hähnchen und Kartoffeln eine Stunde garen. Danach das Huhn mit der restlichen Marinade bestreichen, die Backofentemperatur auf 200 °C erhöhen und alles noch mal 10 bis 15 Minuten braten – so wird die Haut schön knusprig.

Fortsetzung auf der nächsten Seite ▶

Garzeiten:

- 1 kg Huhn – 45 Minuten plus 10 bis 15 Minuten bei 200 °C
- 1,5 kg Huhn – 1¼ Stunden plus 10 bis 15 Minuten bei 200 °C
- 2 kg Huhn – 1½ Stunden plus 10 bis 15 Minuten bei 200 °C

6. Die Auflaufform aus dem Ofen nehmen und jetzt kommt der einzige verzwickte Teil: Die Dose mit einer Hand festhalten und das Huhn mit der anderen nach oben ziehen – und zwar, ohne dass das Bier umkippt. Wenn Sie keine helfende Hand herbeirufen können, stechen Sie mit einer Gabel in das Huhn und hieven es hoch, mit der anderen Hand ziehen Sie ihm die Dose aus dem Allerwertesten.

7. Den Saft in der Form mit einem kräftigen Schuss Weißwein ablöschen und 5 Minuten ziehen lassen, damit der Alkohol verdampft. Der Saft schmeckt großartig und sollte unbedingt mitserviert werden.

Tipps:

- Große Hühner mit 1,5 oder 2 Kilogramm erst nach 45 bzw. 60 Minuten im Backofen mit der Marinade einreiben, dann kann die Marinade nicht anbrennen.
- Wer das Huhn noch saftiger haben möchte, wickelt die komplette Konstruktion samt Auflaufform in Alufolie ein – Alufolie vor dem Fertigbacken bei 200 °C rundherum abmachen.
- Die Kartoffeln vor dem Servieren noch mal mit dem Bratensaft überträufeln, das macht sie noch geschmackiger.
- Das Huhn im Ganzen servieren und bei Tisch aufschneiden und austeilen – so bleibt es länger warm und sieht toll aus.

AMSTEL
CERVEZA

LES DÉJEUNERS COMIQUES
UN BISCUIT DANS DU PERNOT

GNOCCHI CARBONARA AUS DER PFANNE – EINE ONE-POT-NUMMER

Je nachdem wie groß Ihre größte Pfanne ist, können Sie die Zutaten für dieses Gericht vervielfachen und so Ihr gesamtes Bundesland satt bekommen. Ich liebe es, weil man damit schnell und unkompliziert viele Mäuler stopfen kann, es schmeckt gut und sogar die Ich-esse-nur-Nudeln-ohne-alles-Kinder lieben es.

Zutaten für 2–4 Portionen, je nachdem wie verfressen die Esser sind

- 500 g Gnocchi
- 150 g geräucherter Speck (in Würfeln)
- 1 Flasche Weißwein (2 Schluck für die Gnocchi, der Rest zur freien Verfügung)
- 250 g Sahne
- Salz
- ½ Tasse Wasser (optional)

1. Die Speckwürfel in einer Pfanne bei mittlerer Hitze anrösten, bis die Fettanteile glasig werden. Den Speck mit 2 Schluck Wein ablöschen und auch gleich die Sahne und dann die Gnocchi dazugeben.

2. Ein bisschen herumrühren, die Gnocchi-Pfanne leicht aufkochen lassen und dann bei kleiner Hitze 3 Minuten ziehen lassen. Gnocchi bei Bedarf noch etwas salzen, und – falls die Sauce zu dick erscheint – einfach mit Wasser verdünnen, fertig.

Tipps:

- Es ist wichtig, den Speck gut anzurösten, damit sich die Aromen lösen. So braucht dieses Essen auch kaum bis gar kein Salz.
- Für eine vegetarische Variante lassen Sie einfach den Speck weg, himmlisch schmeckt es auch, wenn man etwas Schimmelkäse (z. B. Gorgonzola) in der Sahne mitköchelt.
- Nicht alle Fertig-Gnocchi sind gleich. Manche nehmen mehr Wasser auf, andere weniger. Die Sauce also zum Schluss einfach nach Bedarf mit Wasser versorgen.

PULLED GULASCH

Wer chronisch wenig Zeit hat (oder keinen Bock zu kochen) und trotzdem gern Leute zum Essen einlädt, kann dieses Festessen sich selbst über Nacht kochen lassen. Oder vormittags in den Ofen schieben, dann bereitet es sich zu, während Sie in der Arbeit oder sonst wo sind.

Zutaten für 6–8 Portionen

- 1 kg Rinderschulter
- 1,2 kg Zwiebeln
- 250 g Butter
- ½ Tasse Rotwein (so ungefähr 100 ml)
- 3–4 gehäufte EL süßes Paprikapulver
- 1 TL getrockneter Majoran
- ¾ l Wasser
- 1 Lorbeerblatt
- Salz

1. Den Backofen auf 110 °C vorheizen. Alle Zwiebeln schälen und klein hacken – man braucht 1 Kilogramm gehackte Zwiebeln für 1 Kilogramm Fleisch, etwas mehr passt auch.

2. Butter in einer Pfanne schmelzen und die Zwiebeln darin portionsweise goldbraun anrösten, aber nicht schwarz werden lassen. (Wenn man zu viele Zwiebeln in der Pfanne hat, reicht die Hitze nicht aus, die Zwiebeln werden gedünstet statt geröstet und schmecken dadurch süßlich).

3. Die fertigen Zwiebeln zusammen mit Paprikapulver, 2 Esslöffel Salz und dem Majoran in eine Schüssel geben und verrühren.

4. Danach das Fleisch kräftig salzen und im Ganzen in der Pfanne in 1 bis 2 Minuten pro Seite rundherum scharf anbraten. So entstehen Röstaromen und das Gulasch wird noch leckerer.

5. Das Fleisch in einen hohen Kochtopf geben und die Zwiebelmischung darauf und drumherum verteilen.

6. Das Wasser und den Rotwein dazugießen, kurz durchmischen, fertig. Die Größe des Kochtopfs ist perfekt, wenn das Fleisch etwa einen Zentimeter hoch mit Wasser bedeckt ist. Jetzt den Deckel draufgeben und für 10 Stunden in den Backofen damit.

Fortsetzung auf der nächsten Seite ▶

7. Wer es ganz genau wissen möchte, benutzt ein Bratenthermometer, die perfekte Kerntemperatur ist 94 bis 97 °C.

8. Nach den 10 Stunden den Topf aus dem Rohr nehmen. Das anschließende Zerreißen geht am besten, wenn man das Fleisch aus dem Topf nimmt und es in einem großen, flachen Gefäß mithilfe von zwei Gabeln und längs zur Faser zerrupft. Danach Fleisch und Sauce wiedervereinen, bei Bedarf noch Wasser dazugeben und das Pulled Gulasch mit Salz abschmecken, fertig!

9. Dazu passen Nudeln, Kartoffelbrei, Reis oder einfach nur Brot.

Tipps:

- Man salzt das Fleisch vor dem Anbraten, weil das Salz dann am besten einzieht. Das Fleisch trocknet nicht aus, wenn es vor der Zubereitung gesalzen wird, denn ein Gramm Salz bindet nicht mehr als ein Gramm Wasser.
- Wer das Gulasch mild und aromatisch mag, nimmt rote Zwiebeln; wer es schärfer mag, der nimmt normale Hauszwiebeln.
- Man kann auch geräuchertes und ungeräuchertes Paprikapulver mischen, etwa halbe-halbe, das macht das Gulasch kräftiger im Geschmack. Wer es scharf mag, nimmt halt scharfes Paprikapulver.
- Einige Knoblauchzehen passen dem Gulasch auch ganz gut.

PULLED PORK AUS DEM BACKOFEN

Das Pulled Pork funktioniert nach dem gleichen Prinzip, das Hausmeister in glamouröse Facility Manager umbenannt hat: etwas Simples mit einem schicken Namen versehen, um die Schlichtheit der Sache zu vertuschen. Ich habe schon eine Stellenanzeige für eine Fachkraft für die Eingangszone gesehen. Die meinten einen Pförtner! Und das ist kein Witz …
Und so wie ein Vision Clearance Engineer nichts anderes als ein Fensterputzer ist, ist Pulled Pork im Grunde seines Herzens nichts anderes als ein Stück Schwein, das so lange weich gegart wird, bis man es widerstandslos zerreißen kann. Und das ist echt nicht schwer.
Aber das muss man ja niemandem verraten.

Zutaten für 6 Portionen

Für das Fleisch:

- ein 2 kg schwerer Brocken Schweinefleisch (am Stück; Schulter ohne Schwarte, Nacken geht auch)
- 10 Knoblauchzehen
- ½ Tasse Cola (ca. 60 ml)

1. Den Backofen auf 120 °C vorheizen.

2. Alle Marinaden-Zutaten vermischen (wer kein Senfpulver hat, ersetzt es im nächsten Schritt durch den mittelscharfen Senf).

3. Das Fleisch rundrum mit Küchenrolle trockentupfen. Die Knoblauchzehen schälen, direkt auf das Fleisch pressen und gleichmäßig verteilen. (Wer kein Senfpulver hat, schummelt jetzt den Senf dazu …)

4. Dann die Marinade gleichmäßig auf das Fleisch streuen, eine 3 bis 4 Millimeter dicke Schicht darf das ruhig sein. (Wer die pipileichte BBQ-Sauce machen möchte, lässt mindestens einen Esslöffel der Mischung dafür übrig). Die Marinade andrücken, damit sie gut hält und 5 Minuten ziehen lassen, dadurch zieht die Feuchtigkeit des Knoblauchs in die pulvrige Marinade ein und sie hält besser.

Für die Marinade:

- 2 sehr gut gehäufte EL süßes Paprikapulver
- 2 gehäufte EL Zucker
- 2 ½ gehäufte EL Salz
- 1 TL Pfeffer aus der Mühle
- 1 TL Senfpulver oder 2 TL mittelscharfer Senf (z.B. Estragonsenf)
- 1 TL Kreuzkümmel (Cumin)

Für die pipileichte BBQ-Sauce (optional):

- ¾ Tasse Wasser (ca. 90 ml)
- 2 EL Ketchup
- 1 EL mittelscharfer Senf (z.B. Estragonsenf)
- 2–3 EL Honig
- 1 EL Olivenöl
- 1 Knoblauchzehe (muss aber nicht)

Außerdem:

- eine ofenfeste Auflaufform

5. Das Fleisch mittig auf ein Stück Alufolie legen, das etwa dreimal so lang wie das Fleisch ist, die überstehende Alufolie an den Seiten hochbiegen und an den Ecken einschlagen wie ein Weihnachtsgeschenk.

6. Vorsichtig die Cola auf das Fleisch gießen, sie sollte die Marinade nicht abwaschen. Dann die Alufolie auch oben so dicht wie möglich über das Fleisch schlagen, damit das Pulled Pork im eigenen Dampf garen kann. Deshalb wickeln wir das Fleisch jetzt gleich noch zweimal in Alufolie ein, einmal in Längsrichtung und einmal in Querrichtung. Jetzt darf das Fleisch in die Auflaufform (eine blecherne Bratreine eignet sich genauso) – das eingepackte Fleisch nur nicht direkt auf das Backblech legen, der austretende Saft würde sonst verdunsten und anbrennen.

7. Die Form auf das Backblech in die mittlere Schiene des vorgeheizten Backrohrs schieben und 6 ½ Stunden garen lassen. Danach den Backofen ausschalten und das Fleisch bei leicht geöffneter Backofentür (Holzlöffel einklemmen) noch 30 Minuten ziehen lassen, so wird es noch zarter. Wer es ganz perfekt haben will, benutzt ein Bratenthermometer, die Kerntemperatur des Fleisches sollte 92 bis 94 °C betragen.

8. Für die pipileichte BBQ-Sauce das Wasser in eine ofenfeste Schüssel füllen, die restliche Marinade dazugeben und gemeinsam mit dem Fleisch im Backofen ziehen lassen, die Schüssel kann ruhig auf dem Backofenboden stehen. Die Sauce gemeinsam mit dem Pulled Pork herausnehmen, auskühlen lassen und Ketchup, Senf, Honig und Olivenöl unterrühren. Knoblauch, falls verwendet, schälen, dazupressen und gut unterrühren.

Fortsetzung auf der nächsten Seite ▶

Garzeiten:

- 2 kg Fleisch – 6 ½ Stunden bei 120 °C
- 3 kg Fleisch – 8 bis 9 Stunden bei 120 °C
- 4 kg Fleisch – 10 bis 11 Stunden bei 120 °C

9. Das fertige Pork aus dem Backofen nehmen und aus der Form heben (am besten auf ein Backblech, der bereits ausgetretene Saft bleibt in der Form) und aus der Alufolie befreien. Dieser Schritt ist ein bisschen eine Sauerei, zugegeben. Das Fleisch zurück in die Auflaufform heben und dort mithilfe von zwei Gabeln zerreißen. Längs der Faser geht's leichter. (Es gibt auch sogenannte Pulled-Pork-Krallen, speziell zum Zerreißen, die sind auch gut, wenn Sie im Fasching als Wolverine gehen wollen!)

10. Das gepullte Pork mit dem Saft in der Auflaufform gut vermischen und kosten. Wer es nun gerne salziger, süßer oder schärfer hätte, würzt den Saft, der sich auf dem Backblech gesammelt hat, entsprechend nach, und schüttet ihn zum Fleisch, so nimmt das Pulled Pork die Aromen am besten auf.

11. Pulled Pork in der Auflaufform oder in einer vorgewärmten Schüssel mitten auf den Tisch stellen, die pipileichte BBQ-Sauce oder den prima Joghurt-Dip von Seite 62 dazu plus Brot und Salat und Sie haben ein geiles Essen an einem bunten, schönen Tisch. Und keine Angst vor größeren Gruppen.

Tipps:

- Es reicht, das Fleisch auf einer Seite mit der Marinade einzureiben. Wer es gerne richtig würzig mag, würzt es auch unten, aber mit einer dünneren Schicht, sonst wird es überwürzt.
- Wer es eilig hat, kann die Backofentemperatur auf bis zu 140 °C erhöhen, es wird vielleicht nicht ganz so perfekt zart, aber immer noch großartig. Bratenthermometer verwenden, 90 bis 92 °C Kerntemperatur sind das Ziel.
- Auch ein Pulled Rindvieh kann so zubereitet werden, dann 30 bis 60 Minuten mehr Garzeit einrechnen, Kerntemperatur sollte beim Pulled Beef 97 °C sein.
- Wer es süßlich mag, kann das fertige Pulled Pork zusätzlich mit Apfelsaft abschmecken, auch Ananassaft eignet sich hervorragend.

AZUCAR
nata

GRAVED BACKOFENLACHS

Lachs ist dankbar, den mögen nämlich eigentlich alle – auch Leute, die keine ausgesprochenen Freunde von Fischgerichten sind. Und die Lachsseite ist beeindruckend genug, um ein angemessenes Maß an Bewunderung zu ernten. Außerdem ist er hübsch rosa und das ist eigentlich Argument genug.

Zutaten für 4–6 Portionen

- 1 kg Lachsfilet am Stück
- 1 Bund Dill
- 1 Bund Petersilie
- 2 Stängel Koriandergrün (wer mag)
- 5 Wacholderbeeren
- Saft einer halben Bio-Zitrone
- etwas Olivenöl
- 1 Bund grüner Spargel (nach Belieben)
- Zucker
- Salz, Pfeffer aus der Mühle

1. Den Backofen auf 120 °C vorheizen. Je eine Handvoll Dill und Petersilie und so 5 bis 10 Korianderblätter fein hacken, die Wacholderbeeren im Mörser oder mit dem Messerrücken zerdrücken und auch hacken. Alles zusammen mit einem halben Teelöffel Zucker und einem halben Teelöffel Salz in einer kleinen Schüssel vermischen.

2. Die Zitrone heiß waschen, abtrocknen, die Schale fein abreiben und den Saft auspressen. Den Fisch mit der Haut nach unten ausbreiten und mit der Hälfte des Zitronensafts sowie etwa der gleichen Menge Olivenöl gleichmäßig beträufeln.

3. Die Gewürzmischung gleichmäßig auf dem Fisch verteilen und leicht einreiben. Ein Backblech mit Backpapier belegen und den Fisch darauf hieven.

4. Den Spargel, falls vorhanden, waschen, den holzigen Teil abschneiden, neben dem Fisch auf das Blech drapieren und mit etwas Olivenöl beträufeln. Fisch und Spargel im heißen Backofen (Mitte) 35 Minuten garen.

Fortsetzung auf der nächsten Seite ▶

Für die Sauce:

- 2 Becher Sahne (je 250 ml)
- abgeriebene Schale der Bio-Zitrone (nur das Gelbe – das Weiße ist bitter) und den Saft der anderen Hälfte
- ½ Tasse Weißwein
- Salz

5. Inzwischen für die Sauce die Sahne zum Kochen bringen und bei kleiner Hitze langsam auf etwa zwei Drittel reduzieren, bis sie schön cremig ist. Währenddessen so alle 5 bis 10 Minuten 1 bis 2 Schluck Weißwein dazugeben und immer wieder umrühren. Nach 25 Minuten darf der restliche Zitronensaft und die Zitronenschale dazu. Die Sauce mit Salz und Weißwein abschmecken – aber Vorsicht, ein paar Minuten brauchen Weinsäure und Alkohol, um zu verdampfen, also nach dem letzten Schluck Wein immer kurz warten, bis serviert wird.

6. Inzwischen sollte der Lachs fertig sein, den lassen wir mit Alufolie abgedeckt nochmal 5 Minuten ohne Hitzezufuhr bei offener Backofentür ziehen. Nochmal kurz salzen (auch den Spargel), mit der Mühle leicht pfeffern und mit viel Sauce servieren!

Tipps:

- Der Lachs kann auch schon am Vortag gebeizt werden. Wickeln Sie ihn dafür gut in Frischhaltefolie ein und stellen Sie den Kühlschrank sehr kalt ein. Fisch wird bei 1 bis maximal 2 °C gelagert.
- Koriander und Dill sind intensive Aromen. Wer diese nicht ganz so mag, nimmt davon einfach weniger.
- Auch abgeriebene Orangenschale eignet sich gut für die Sauce, sollten Sie zufällig Orangen herumliegen haben. Unbehandelte halt …

KLEINIGKEITEN, DIE KAUM AUFWAND, ABER MORDS WAS HERMACHEN

Bei unserer französischen Freundin Inés heißt es L'aperitif, und die liebe Petra aus der Schweiz sagt Apéro – ich nenne es: Jeder-bringt-was-mit.

Wenn wir ehrlich sind, meinen wir damit alle das Gleiche: Wir treffen uns und trinken Wein.

Mit zunehmendem Alter haben sich bei diesen Treffen zwei Dinge herausgestellt:

1. Gemeinsam klönen macht Hunger.
2. Salzstangen und Chips sind auf Dauer kein befriedigendes Mittel dagegen.

Nachdem wir die Salzstangen-und-Chips-Phase hinter uns gelassen haben, hat sich der Anspruch an die Verpflegung langsam gesteigert. Wir haben uns von den Fertigteilchen vom Bäcker über die Käseplatte gehangelt und sind jetzt dort angekommen, wo die mitgebrachte Verpflegung nicht nur den schlimmsten Hunger beruhigen, sondern auch noch tatsächlich schmecken soll. Je nach Konstellation der Runde sind sogar ein, zwei Exemplare dabei, die dem Ganzen einen kompetitiven Charakter verleihen:

»Was ist denn das?«

»Och, nichts weiter«, heißt es dann mit so einer wegwerfenden Handbewegung, »nur ein paar geflämmte Maisrübchen mit Dattel-Relish an Fenchel-Feigen-Mousse.«

Ich übertreibe, aber Sie wissen, was ich meine.

Aufgrund einer angeborenen Faulheit in Küchendingen (ich sprach davon) gepaart mit einer trotzigen Pah!-Haltung bin ich eine glühende Anhängerin von Kleinigkeiten, die kaum Aufwand, aber mords was hermachen.

PASTA MIT BIRNEN-TRÜFFEL-SAUCE

Wenn ich einen Mann zu mir zum Essen einlade, haben meine lieben Freundinnen eine ganz einfache Frage, mit der sie die potenzielle Anziehungskraft des Herrn auf meine Person austarieren können. Sie fragen: »Machst du die Birnen-Trüffel-Pasta?«

Wenn ich die mache, wissen sie Bescheid: Er ist zumindest so anziehend, dass ich Eindruck schinden will. Dabei will ich natürlich Eindruck schinden, aber eher so nebenbei – eben ohne den Eindruck zu machen, dass ich Eindruck schinden will.

Dafür ist dieses Gericht perfekt, denn:

1. Ich kann es.
2. Es ist ausreichend simpel, dass man es mitsamt dem Besuch in der Küche und einem Glas Weißwein kochen kann, …
3. … und doch nicht 0815, weil: Trüffel! Und in der Kombi! Das klingt so interessant, wie ich gerne erscheinen möchte.

Ich glaube, jede und jeder hat so ein Gericht. Das hier ist meins.

Zutaten für 2 Portionen

- 300 g Penne
- 1 mittelgroße Zwiebel
- 1 Klecks Butter
- eine mittelgroße sehr reife Birne
- ein beherzter Schluck Weißwein, trocken
- 1 Becher Sahne (250 ml)
- 1 Gläschen Trüffelcreme (30–50 g)
- 1 Zitrone
- Salz, Pfeffer aus der Mühle
- Parmesan oder Grana Padano

Für die Penne:
Penne kochen.

Für die Sauce:
1. Die Zwiebel schälen, halbieren und fein hacken. Mit Butter in der vorgewärmten Pfanne bei mittlerer Hitze langsam glasig garen. Nebenbei die Birne vierteln, schälen, entkernen, in kleine Stücke schneiden und in einer Tasse zu Brei zerstampfen. Die Zwiebel mit dem beherzten Schluck Weißwein ablöschen und gleich auf kleinste Stufe zurückschalten. Etwa 3 Minuten leicht köcheln lassen, dann kommen die Sahne und das Birnenmus rein. Weitere 5 Minuten auf kleiner Stufe sanft köcheln, öfter umrühren.

Fortsetzung auf der nächsten Seite ▶

2. Anschließend salzen und teelöffelweise so viel Trüffelcreme unterrühren, bis das gewünschte Aroma erreicht ist. Man braucht etwa 5 Teelöffel, aber Vorsicht, Trüffelcremes sind je nach Produkt mal mehr, mal weniger geschmacksintensiv. Beim Trüffeln gleichzeitig auch eventuell nachsalzen.

3. Abschließend noch zwei, drei Spritzer Zitronensaft und Pfeffer aus der Mühle dazu.

4. Die Pasta auf zwei Tellern anrichten, mit Parmesanhobeln und einem Bätzchen Trüffelcreme dekorieren – wer hat: Auch Basilikumblätter sehen schön aus.

Tipps:

- Die Pasta vor dem Servieren noch mal kurz pfeffern. Das macht ein noch schöneres Geruchserlebnis.
- Wer mit dem Salz aus Versehen übertrieben hat, repariert das Ganze mit Saure-Sahne-Beigabe.

BOMBIGE BLÄTTERTEIGSCHNECKEN

Blätterteig ist so was wie das kleine Schwarze unter den Zutaten: Das geht immer. Für die Arsch-vorbei-Küche ist er nahezu unerlässlich, weil er uns selbigen in zigfacher Form und Variation retten kann. Diese Variante zum Beispiel schmeckt wie ein original Flammkuchen, nur dass wir uns das mit dem Teigkneten schenken, und schicker aussehen tut es außerdem.

Zutaten für ungefähr 10 Schnecken

- 1 Rolle Blätterteig aus dem Supermarkt
- ½ Becher (100 g) Schmand (Crème fraîche geht auch, auch gemischt mit saurer Sahne oder Frischkäse. Hauptsache es ist schön fettig und ein bisschen säuerlich.)
- 2 Schalotten
- 50 g roher Schinken
- etwas Lauch (optional)
- 2 Handvoll geriebener Käse (ca. 100 g)

1. Heizen Sie den Ofen auf 180 °C vor. Den Blätterteig samt Backpapier auf einem Backblech ausrollen und den Schmand (oder was auch immer Sie zusammengerührt haben) darauf verstreichen.

2. Die Schalotten und den Schinken würfeln (den optionalen Lauch waschen und klein schneiden) und alles auf dem Schmand verteilen. Rollen Sie jetzt den Blätterteig wieder zusammen und schneiden Sie diese Wurst in circa 3 Zentimeter breite Stücke. Verteilen Sie die Schnecken auf dem Backpapier und bestreuen Sie die Kleinen oben mit etwas Käse. Dann geben Sie das Blech 15 bis 20 Minuten in den Ofen – et voilà!

Tipp:

Blätterteig lässt sich kalt gut verarbeiten, warm wird er ganz schnell weich und zickig.

JOGHURT-DIP

Das dürfte das schnellste Gericht sein, das Sie in diesem Buch finden, es ist praktisch der Boxenstopp unter den Mahlzeiten. 90 Sekunden ist der Rekord bei mir zu Hause, und da ist das Suchen im Kühlschrank nach dem Joghurt mitgerechnet!

Zutaten für 4 Portionen
(Machen Sie nicht weniger, auch nicht, wenn Sie alleine sind. Es kommt sicher weg …)

- 3 Becher (à 150 g) griechischer Joghurt
- 1 Bund Schnittlauch
- ein paar Tropfen Olivenöl
- Salz

1. Den Joghurt in eine Schüssel kippen, den Schnittlauch waschen und in circa 3 Millimeter kleine Stücke schneiden. Ein bisschen Schnittlauch zum Dekorieren beiseite legen und den restlichen Schnittlauch in den Joghurt geben.

2. Circa einen halben Teelöffel Salz dazu, kurz umrühren, fertig.

Tipps:

- Nehmen Sie Joghurt aus dem Kühlschrank, ansonsten kaltstellen.
- Vor dem Servieren etwas Olivenöl darüberträufeln und Restschnittlauch darüberstreuen – das sieht schön aus und bringt extra Aroma.
- Wer mag, schmeckt den Dip mit einem Spritzer Zitrone ab.
- Passt bombig zu: Pulled Pork (siehe Seite 46), frischem Weißbrot, Chili con Carne, Tortizzas (siehe Seite 153).

RINDSPAILLARD

Rindspaillard ist lustig, weil durch den simplen Fakt, dass es sich um Rind handelt und ein bisschen buntes Zeug mit auf dem Teller liegt, das Paillard daherkommt, als wäre es der König von Zamunda. Ist es aber nicht – es ist nur eine simple, wenn auch leckere Augenwischerei …

Zutaten für 2 Portionen

- 2 dünne Scheiben Rindfleisch von Rumpf oder Lende (maximal 1 cm dick)
- 50 g Parmesan oder Grana Padano
- 2 Handvoll Rucola (oder eine Pflücksalatmischung)
- ein paar Kirschtomaten als Deko (nach Belieben)
- Salz
- etwas Olivenöl
- etwas Balsamico
- 1 TL Butter
- 2 Schluck Wasser
- Pfeffer aus der Mühle

1. Das Fleisch mit dem Fleischklopfer sehr dünn klopfen, es darf ruhig stellenweise anfangen, durchsichtig zu werden, wenn man es gegen das Licht hält. Dann den Parmesan reiben, den Rucola waschen, trocknen und anschließend auf zwei Teller legen, die Teller sollten schön bedeckt sein, aber nicht mehr. Falls Sie Kirschtomaten haben, vierteln Sie die und drapieren sie auf dem Tellerrand. Den Salat leicht salzen, Olivenöl und Balsamico darüberträufeln, danach etwas Parmesan darüberstreuen – Menge ganz nach Geschmack.

2. Das Fleisch salzen, die Butter in einer Pfanne bei mittlerer bis großer Hitze braun werden lassen und dann das Fleisch darin auf beiden Seiten jeweils 20 bis 30 Sekunden braten, je dünner, desto kürzer. Nach dem Wenden schon mal vorsichtig Parmesan auf das Fleisch streuen, während die zweite Seite brät, dann schmilzt er schön an das Fleisch und gibt seine Aromen besser ab.

Fortsetzung auf der nächsten Seite ▶

3. Das fertige Fleisch sofort auf die Teller legen und den Bratensatz in der Pfanne mit den beiden Schluck Wasser ablöschen. Die Pfanne einige Male schwenken, damit sich der Bratensatz löst. Die Sauce leicht salzen und je 1 bis 2 Teelöffel von der Flüssigkeit gleichmäßig über das Fleisch träufeln. Noch etwas Balsamico-Essig über das Fleisch träufeln, pfeffern und zuletzt nochmals Parmesan drüberstreuen. Fertig!

Tipps:

- Junger Parmesan ist saftiger, schmilzt leichter und eignet sich besser als gut gereifter.
- Je nachdem wie viel Chichi Sie toll finden, können Sie das Fleisch in Streifen schneiden und auf Toasts verteilen, ebenfalls mit Salatunterbau. Oder Sie können zusätzlich Balsamicoreduktion verwenden, damit lässt sich schön dekorieren und man hat eine Kombination aus zwei verschiedenen Balsamico-Aromen.

LÖFFELBROT

Wie, was ein Löffelbrot sein soll? – Ein Brot, aus dem man rauslöffelt! Was denn sonst? Ein echter Higucker, der total Spaß macht, wenn man das Prinzip Alle-essen-aus-einem-Pot mag. Hervorragend passt ein frischer Salat dazu – und ein Schnaps hinterher.

Zutaten für 3 Portionen

- 1 möglichst kugeliges Weißbrot (Sauerteigbrot geht aber auch)
- 2 Handvoll (120 g) geriebener Mozzarella
- 1 Handvoll (so 60 g) geriebener mittelalter Gouda (oder Cheddar oder Greyerzer)
- 120 g Frischkäse
- 1 Becher (120 g) griechischer Joghurt
- 60 g Mayonnaise
- 60 g Schinkenwürfel (wer mag)
- 1 TL schwarzer Pfeffer aus der Mühle
- 1 Stangenweißbrot zum Dippen (optional)
- gehackte Petersilie zum Dekorieren

1. Den Backofen auf 200 °C vorheizen. Das Brot oben öffnen und aushöhlen.

2. Alle Zutaten außer der Petersilie und dem Stangenweißbrot vermischen und in das Brot füllen.

3. Das Brot auf ein Backblech legen und im heißen Ofen (Mitte) 15 Minuten backen. Das Stangenweißbrot, falls vorhanden, würfeln. Das fertige Löffelbrot mit Petersilie betreuen, die Brotwürfel dazu reichen, fertig!

Tipp:
Den Mozzarella im Tiefkühlfach lagern, dann lässt er sich leichter reiben.

PIMIENTOS DE PADRÓN

Eine galizische Köstlichkeit, stinkeeinfach zu machen und lässt ein bisschen Urlaubsgefühle aufkommen. Die kleinen, grünen Paprikaschoten (heißen oft Bratpaprika) gibt es inzwischen in fast jedem Supermarkt zu kaufen und man muss rein gar nichts mit ihnen machen, außer sie in der Pfanne immer mal wieder durchzuschütteln, damit sie von allen Seiten bräunen. Aber Vorsicht, es heißt, in jeder Tüte gibt es mindestens eine Paprika, die richtig scharf ist: »Pementos de Padrón, uns pican e outros non«.
Für Sie geprüft und herausgefunden: stimmt nicht immer, aber manchmal. Aua.

Zutaten für 2 Portionen

- ein Tütchen (300 g) kleine, grüne Paprikaschoten (Pimientos de Padrón)
- 3 EL Olivenöl
- grobes Salz (Meersalz oder Fleur de Sel)

1. Das Öl in einer Pfanne bei mittlerer Hitze erhitzen. Die Pimientos waschen, gut abtrocknen und dann ins Öl geben. Auf jeder Seite 5 bis 7 Minuten bräunen lassen und gelegentlich umrühren. Fertig sind sie, wenn sie weich werden und die Haut Blasen wirft. Ein paar dunklere Stellen schaden nicht.

2. Pimientos in einem Sieb abtropfen lassen und in eine Schüssel oder auf einen Teller geben, dann sofort und reichlich mit dem groben Salz bestreuen und servieren. Gegessen wird mit den Fingern und man beißt die Dinger komplett bis zum Stiel ab.

TATAKI DE ATÚN

»Ich mache Thunfisch-Tataki!« Klingt so, als würden Sie mit einem Samuraischwert und einem Fisch komplizierte Dinge anstellen. Tatsächlich ist Tataki nur eine japanische Art der Zubereitung und meint: scharf anbraten, kühl essen. Innen soll es also noch roh sein, nur außen angebraten und insgesamt lauwarm bis abgekühlt. Wenn ich es recht überlege, kenne ich einige Restaurants, die völlig unabsichtlich ihre Schnitzel á la Tataki servieren …
Zu unserem großen Glück ist Tataki de Atún nicht nur lecker und fancy, sondern auch unfassbar leicht zuzubereiten.

Zutaten für 2 Portionen

- ¼ kg sehr frischer Thunfisch am Stück, mindestens 2 cm dick und ohne Haut
- 3 EL Sojasauce
- 1 EL Wasser
- etwas Honig (muss aber nicht)
- etwas Olivenöl
- Salz
- Sprossen als Deko (optional)

Außerdem:
- Holzspieße (ca. 15 cm lang)

1. Den Thunfisch in 2 bis 3 Zentimeter große Würfel schneiden, salzen und die Würfel einzeln auf die Spieße auffädeln. Zwischen den Würfeln ein bisschen Platz lassen, also nicht aneinanderquetschen – vier bis fünf Würfel pro Spieß reichen.

2. Sojasauce und Wasser in einem Schälchen verrühren und mit Honig abschmecken, es geht aber auch ohne Honig.

3. Das Olivenöl in einer Pfanne erhitzen und die Spieße darin auf jeder Seite 20 bis 30 Sekunden scharf anbraten, der Thunfisch soll innen roh bleiben. Die Spieße herausnehmen, unbedingt 2 Minuten ziehen lassen, mit etwas Sprossen-Deko und dem Sojasaucen-Dip servieren, fertig!

Fortsetzung auf der nächsten Seite ▶

Tipps:

- Auch Wasabi passt großartig zu Thunfisch.
- Auf vorgewärmten Tellern serviert, werden die kleinen Thunfischstückchen nicht so schnell kalt.
- Den Thunfisch vor dem Braten 15 Minuten auf Raumtemperatur kommen lassen, damit er innen nicht eiskalt ist.
- Wer es optisch und geschmacklich etwas pimpen möchte: Kaufen Sie auch gleich noch ein oder zwei Lachssteaks dazu, schneiden Sie diese ebenfalls in Würfel und garen Sie sie wenige Minuten im heißen Öl in der Pfanne. Hübsch sieht es aus, wenn Sie die fertigen Spieße mit Limettensaft beträufeln und in ein paar gehackten Kräutern (z. B. Dill, Estragon, Petersilie oder Zitronenmelisse) wenden. Diese ein bisschen andrücken, dann fallen sie nicht so leicht runter.

NOTHAHN-SALAT

Falls Sie sich fragen, wo Sie einen Nothahn herbekommen: von dem Grillhähnchenwagen, der bei Ihnen an irgendeiner Ecke steht. Wahlweise sind Nothähne auch Hühnerreste vom Tag zuvor. Sie können natürlich auch frisches Hühnchen kaufen und es selbst braten. Ob Brust, Schlegel oder Flügel, dem Nothahn-Salat ist das egal, und er ist ein wunderbares lauwarmes Mittagessen, wenn es zack, zack gehen muss.

Zutaten für 2–3 Portionen

- 2 gebratene Hähnchenschenkel und/oder -flügel oder eine gebratene Hähnchenbrust
- 2 kleine Äpfel
- 2 Stangen Staudensellerie
- etwas Weißweinessig
- etwas Öl
- 1–2 EL Mayonnaise
- Salz, Pfeffer
- 2 EL Schnittlauchröllchen (nach Belieben)

1. Das Huhn klein rupfen oder schneiden (Flügel und Schenkel können Sie auch im Ganzen lassen). Die Äpfel waschen, vierteln, von den Kerngehäusen befreien und würfeln. Den Sellerie waschen und in dünne Scheiben schneiden.

2. Das Huhn in einer Pfanne erwärmen, nach 5 Minuten Äpfel und Sellerie zugeben und noch mal 3 bis 4 Minuten braten. Äpfel und Sellerie sollen ihren Biss behalten.

3. Derweilen mischen Sie in einer Tasse eine Vinaigrette aus dem Weißweinessig, Öl, Salz, Pfeffer und der Mayonnaise.

4. Den Pfanneninhalt in eine Salatschüssel oder auf eine Platte geben, Vinaigrette drüber, fertig. Wer hat, streut Schnittlauch drüber, das sieht hübsch aus.

Tipps:

- Wer es etwas knackiger mag, der serviert den Nothahn-Salat auf gemischtem Pflücksalat.
- Die Zutaten für Ihre Salatsauce (auch für jede andere) am besten in ein leeres Schraubglas (z. B. ein Senfglas) kippen, Deckel drauf und schütteln, so mixt sich die Sauce am leichtesten. Aber schrauben Sie unbedingt den Deckel des Schraubglases fest zu.

GURKEN-RADIESCHEN-SALAT

Ganz ehrlich: Ich mag den vor allem deshalb, weil er so wahnsinnig hübsch aussieht. Das ist jetzt kein schöner Satz, wenn man über Leute spricht, aber von einem Salat darf man so was sagen. Und er ist so herrlich knackig! Auch das ist ein Satz … Lassen wir das.

Zutaten für 2 Portionen

- 1 Salatgurke oder 2–3 Mini- oder Landgurken
- 1 Bund Radieschen
- 2 EL Schnittlauchröllchen
- 1–2 Becher (300 g) Naturjoghurt
- etwas weißer Balsamico oder Weißweinessig
- etwas Olivenöl
- Salz, Pfeffer

1. Die Gurke(n) schälen, längs halbieren und den inneren Teil mit den Kernen mit einem Löffel rauskratzen (sonst suppt das so). Dann in feine Scheiben schneiden.

2. Die Radieschen säubern und ebenfalls in feine Scheiben schneiden. Den Schnittlauch hacken Sie klein und geben dann alles in eine Schüssel.

3. Dann kippen Sie den Joghurt, Essig und Öl drüber und rühren ordentlich durch. Mit Salz und Pfeffer abschmecken, fertig.

Tipps:

- Zwecks der Hübschigkeit: Wenn Sie sich etwas vom Schnittlauch aufheben und erst am Ende drüberstreuen, sieht das ganz wunderbar aus.
- Und wenn Sie sich ein, zwei Gurken- und Radieschenscheiben für die Deko aufheben, wird es noch schöner.

NATURAL

AM MORGEN DANACH EINDRUCK SCHINDEN (FRÜHSTÜCKLICHES)

Es gibt ja diese Morgen danach, an denen stellt man sich tief schlafend, in der Hoffnung, die Person neben einem möge zügig und ohne Aufhebens das Bett sowie die Wohnung verlassen und nichts liegenlassen, was ein Wiedersehen nötig macht. Vielleicht sind Sie sogar vollkommen von der Tatsache überrascht, dass da überhaupt jemand neben Ihnen liegt – das sind nicht so gute Morgen danach.

Und dann gibt es noch die anderen Morgen. Die, an denen man sich unter der Decke halb wach zusammenschmiegt, die Wärme des anderen spürt und die ewig dauern könnten – wenn man nicht so einen verdammten Hunger hätte.

Bevor das Magenknurren so laut wird, dass die Spracherkennung auf Ihrem Handy selbstständig anfängt, Döner zu bestellen, sollten Sie unbedingt eingreifen. Zum einen wird Ihnen Nahrungsaufnahme gut tun, zum anderen ist es der Moment, in dem man so richtig Eindruck schinden kann.

LACHSTATAR MIT UND OHNE

Zum Frühstück Lachstatar – da kommt man sich doch derart mondän vor, man möchte sich glatt eine Federboa umwerfen. Was wirklich eigenartig ist – also nicht das mit der Federboa, sondern die Tatsache, dass ein bisschen klein geschnittener Räucherlachs aus dem Supermarkt es schafft, dass man sich vorkommt wie die Königin von Saba. Jetzt noch einen kalten Cava dazu und schon winken Sie huldvoll von Ihrem Balkon.

Zutaten für insgesamt 4 Portionen
(wie viele Sie davon in der Variante »mit« oder »ohne« machen, bleibt Ihnen überlassen)

- eine Packung (100–150 g) Räucherlachs
- 1 mittelgroße Zwiebel
- 2 TL würziges Olivenöl
- 1 TL gehackter Dill
- 1 TL Zitronensaft
- Salz

Für die Variante »mit« zusätzlich:

- 1–2 EL (so 40 g) saure Sahne (Naturjoghurt geht auch)

Den Lachs in Längsstreifen von circa 3 bis 4 Millimeter schneiden, diese dann quer in kleine Stückchen hacken. Die Zwiebel schälen und ebenfalls klein hacken.

Für das Tatar »ohne«:
1. Lachs und Zwiebel in einer Schale vermischen – das Mischungsverhältnis sollte insgesamt etwas mehr Lachs als Zwiebel sein.

2. Das Olivenöl, den Dill und den Zitronensaft dazugeben, verrühren und abschmecken. Räucherlachs ist recht unterschiedlich würzig, bei Bedarf also gerne mit etwas Salz nachhelfen.

Für das Tatar »mit«:
Auch hier erst Lachs und Zwiebel mischen, allerdings zwei Drittel Lachs und ein Drittel Zwiebel. Dann die saure Sahne oder den Joghurt dazugeben. Diese Variante braucht etwas Salz, da der Joghurt ja ungesalzen ist – auch hier wieder ganz nach Geschmack.

KÄSE-SCHINKEN-CROISSANTS

Das ist echt peinlich einfach – aber wenn Sie morgens mit warmen, gefüllten Croissants ans Bett kommen, können Sie sich die nächsten Tage total danebenbenehmen, so toll ist das.

Zutaten für 2 Portionen

- 1 Rolle Blätterteig aus dem Kühlregal
- ein paar Scheiben saftiger Schinken, circa 100 Gramm
- eine Packung (120 g) geriebener Käse, z.B. Emmentaler oder Gouda oder was Sie halt so haben
- 1 Eigelb (muss aber nicht)

1. Den Backofen auf 200 °C vorheizen, das Backblech vorher herausnehmen, das brauchen wir kalt.

2. Den Schinken in kurze Streifen schneiden, etwa 5 Millimeter mal 2 Zentimeter, und in einer Schüssel mit dem Käse mischen – ungefähr halbe-halbe, aber etwas mehr Käse als Schinken.

3. Den Blätterteig samt Backpapier entrollen, mit einem Messer in vier gleich große Teile schneiden. Jedes Viertel mit der Schinken-Käse-Mischung circa ein Zentimeter dick bis fast an den Rand belegen, dabei immer jeweils an einer Ecke die letzten 2 Zentimeter frei lassen. Die belegten Viertel in Richtung des unbelegten Ecks einrollen und dann in Croissant-Form biegen.

4. Wer mag, kann die fertigen Croissants mit dem Eigelb bestreichen, die Croissants werden aber auch ohne schön braun. Croissants auf ein Backblech legen – entweder mit eigenem Backpapier oder dem mitgelieferten Papier vom Blätterteig und im heißen Backofen (Mitte) 15 Minuten backen. Sie sind fertig, wenn der Blätterteig schön braun und kross ist.

Tipp:

Den gekühlten Blätterteig schnell verarbeiten, Blätterteig wird weich und unausstehlich, wenn er warm wird.

GEBACKENES EI

Das ist so ein Gericht, da können Sie morgens glatt noch mal ins Bett gehen, das braucht nämlich 45 Minuten im Ofen. Am tollsten ist es also, man ist in reizender Begleitung. (Stellen Sie im Fall einer reizenden Begleitung unbedingt einen Wecker, sonst verkokelt Ihnen alles vor lauter reizend.)

Zutaten für 2 Portionen

- 4 Eier (M)
- 1 kleine Zwiebel
- 6 Kirschtomaten
- Salz, Pfeffer

Außerdem:
- 4–6 backofenfeste Förmchen, je nach Größe

1. Den Backofen auf 100 °C vorheizen. Die Zwiebel schälen und fein hacken. Die Kirschtomaten waschen und achteln – also halbieren, noch mal halbieren und die halbierten halben Halblinge noch mal halbieren. Es ist praktisch Atomspaltung, insofern: Schneiden Sie die Dinger einfach so klein, wie Sie können.

2. Die Eier in einer Schale verquirlen, Zwiebel und Tomaten dazu, gut salzen und pfeffern und schön verrühren.

3. Die Eiermischung in die backofenfesten Förmchen gießen und im Backofen (Mitte) 45 Minuten backen, bis das Eiweiß schön weiß ist. Die Törtchen nach Belieben mit Schnittlauch bestreuen und servieren.

Fortsetzung auf der nächsten Seite ▶

Und für eine eventuelle Mikrowellen-Kartoffelstampf-Beilage noch:

- 2 mittelgroße Kartoffeln
- ¼ bis ½ Becher (50–100 ml) Sahne
- 1–2 Ecken Butter

Außerdem:

- eine Mikrowelle

Für die Mikrowellen-Stampfkartoffeln:

1. Die Kartoffeln waschen und tropfnass in eine mikrowellenfeste Form geben. Den Boden der Form mit Wasser bedecken, Deckel drauf und an einer Seite nicht ganz zumachen. Die Kartoffeln 5 Minuten auf höchster Stufe garen und dann mit einer Gabel reinstechen – wenn es sich weich anfühlt, sind die Kartoffeln fertig, wenn nicht, noch mal 5 Minuten garen.

2. Kartoffeln pellen (Achtung, heiß!), in einer Schüssel gemeinsam mit der Butter zerdrücken und mit Sahne die gewünschte Konsistenz einstellen. Kräftig salzen, eine Prise Pfeffer oder zwei, und wer Muskatnuss zu Hause hat, macht auch davon eine Messerspitze rein.

Tipps:

- Die Stampfkartoffeln mit Parmesan abschmecken, das macht ein herrliches Aroma. Stampfkartoffeln sind übrigens der kulinarische Vorgänger des Kartoffelpürees – die Maschinen zum Pürieren gab es früher nicht, also wurden Stampfkartoffeln gegessen.
- Wenn man die Kartoffeln halbiert, bevor sie in die Mikrowelle kommen, geht's schneller, sie werden aber auch etwas trockener.

Tipp:

Wer mag, brät zusammen mit der Zwiebel und der Chili noch ein paar Scheiben (180 g) Rohwurst mit an. Das Original wäre Sucuk, eine würzige Wurst aus Rind, Kalb oder Lamm mit Cayennepfeffer, Piment und Kreuzkümmel … ansonsten nehmen Sie halt Salami.

MENEMEN (MENE-MENE)

Ich liebe diesen Namen. Er ist türkisch und es ist mir völlig unmöglich, dieses Gericht so auszusprechen, wie es heißt. Menemen, denn – Sie kennen doch die Muppets? Die Muppets mit Kermit und Piggy – und mit diesem Ohrwurmlied ganz zu Beginn:

Mah-na Mah-na
Do doo be-do-do
Mah-na Mah-na
Do do-do do
Mah-na Mah-na
Do doo de-do-do de-do-do de-do-do de-do-do-doodle do do do-doo do!

Nennen Sie mich albern, aber wenn ich Menemen sagen will, ist es um mich geschehen. Deswegen heißt dieses Gericht bei mir völlig unkorrekt Mene-mene, und es ist oberste Pflicht, darauf entsprechend zu antworten.

»Was möchtest du frühstücken?«

»Mene-mene!«

»Do doo be-do-do …«

Zutaten für 3–4 Portionen

- 2 Zwiebeln
- 1 grüne Paprika (wenn Sie rote haben, rote)
- 1 frische grüne Chilischote (die kleinen, getrockneten, roten gehen auch, drei sind echt scharf, zwei sind okay scharf)
- etwas Olivenöl
- 1 Dose stückige Tomaten (400 g)
- ½ Bund Petersilie
- 3 Eier
- Salz, Pfeffer
- Brot (Fladenbrot, Weißbrot, nehmen Sie doch, was Sie wollen)

1. Die Zwiebeln schälen und würfeln. Die Paprika waschen, von Kernen und weißen Trennwänden befreien und in dünne Streifen schneiden. Die Chilischote zerkleinern und entkernen (bei den roten kleinen nehme ich die Kerne mit rein).

2. Dünsten Sie die Zwiebeln und die Chili in Olivenöl in der Pfanne, bis die Zwiebeln glasig sind (so 5 Minuten), dann die Paprika dazu und noch mal 5 Minuten dünsten.

3. Die Tomaten dazu, salzen und wieder 5 Minuten köcheln lassen. Hacken Sie die Petersilie, streuen Sie sie drüber und drücken Sie mit einem Löffelrücken drei Mulden in den Tomaten-Gemüse-Gatsch. In diese Mulden lassen Sie vorsichtig jeweils ein Ei flutschen. Jetzt den Deckel drauf und das Ganze 10 Minuten in Ruhe köcheln lassen, bis die Eier gestockt sind. Menemen pfeffern und mit Brot dazu servieren.

ZIMTIGER HAFER-GATSCH

Dieses köstliche Frühstück entspringt der Diskrepanz:
Ich würde am liebsten jeden Morgen Zimtschnecken frühstücken.
Und:
Ich will nicht mehr als das Doppelte meiner selbst zunehmen nur wegen leckeren Frühstücks.
Diese Diskrepanz aufzuheben, gelingt mit einem Zimt-Hafer-Gatsch. Das Wort Gatsch (mit langem aaaa gesprochen) habe ich den Österreichern geklaut, das klingt nämlich genau nach der Konsistenz des Gerichts.

Zutaten für 2–3 Portionen

- 1 Tasse Haferflocken
- 1 Becher (125 g) griechischer Joghurt
- ½ Tasse Milch
- 1 TL Zimt
- 1 Prise gemahlene Vanille oder ein halbes Päckchen Vanillezucker
- 1 TL Rohrzucker (normaler geht auch)

1. Alles verrühren, in einer Tupperdose verschließen und mindestens 3 Stunden im Kühlschrank durchziehen lassen.

2. Fertig.

Tipps:

- Hübsch sieht es aus, wenn man vor dem Servieren ein bisschen Zimt und Zucker drüberstreut.
- Wer mag, kann einen halben Teelöffel Frischkäse mit ein paar Tropfen Limettensaft und einer Prise Zucker vermischen und als Häubchen obendrauf setzen, das schmeckt dann noch etwas spannender.
- Ich hab im Winter den Gatsch gerne lauwarm: In meine Schüssel kommt dann noch ein Schluck Milch und dann wärmt er sich eine Minute in der Mikrowelle auf.

COLLITALI
SALE ROSA
ROSA STEINSALZ
Ricotta

RICOTTA-EIER-TOAST

Wegen diesen Toasts ist dem Ricotta zu Hause kein langes Leben beschieden – sind noch Eier und Toast vorhanden, landet er zwischen den beiden im Ofen. Geht ganz schnell und wenn Sie die Bude voll haben, machen Sie einfach ein ganzes Backblech voll davon. Das freut alle und beschert Ihnen einen stressfreien Morgen.

Zutaten für 2 Portionen

- 2 Scheiben Toastbrot
- 100 g Ricotta
- 2 Eier
- Butter für die Form
- Salz, Pfeffer
- frischer Schnittlauch wäre schön

Außerdem:
- eine ofenfeste Auflaufform

1. Den Backofen auf 180 °C vorheizen. Die Auflaufform mit der Butter ausstreichen und die Toastscheiben hineinlegen.

2. Den Ricotta großzügig drauf verteilen. Vorsichtig die Eier aufschlagen und auf den Toasts platzieren. Im Ofen (unten) etwa 15 Minuten backen, salzen, pfeffern (wer mag, nimmt bunten Pfeffer oder noch Chiliflocken) und mit Schnittlauch dekorieren.

GODELLO
BIERZO

OH, WEH – ES WIRD FESTLICH!

Festlich heißt, der Anlass ist besonders – ob besonders gut (Geburtstag, yeah!) oder mäßig (Tante Inges goldene Hochzeit) sei dahingestellt, auf jeden Fall sollte auch das, was auf den Tisch kommt, besonders sein. Und zwar besonders im Sinne von »Wow, das gibt es sonst nie!« und nicht im Sinne von »Himmel, was ist das denn?«.

Das »Wow« kriegt man entweder mittels Zutaten, die sonst nicht auf den Tisch kommen (Hummerschwänze wären so etwas), oder durch eine ausgefallene Art der Zubereitung hin – eine ausgefallene Art der Präsentation geht aber auch. Wenn Ihr festlicher Anlass viele Leute mit einschließt, gucken Sie auch in der Rubrik »Wenn die ganze Sippe kommt« ab Seite 33, denn ein Pulled Pork zum Beispiel erfüllt schon mal zwei der Voraussetzungen für ein angemessen festliches Gericht.

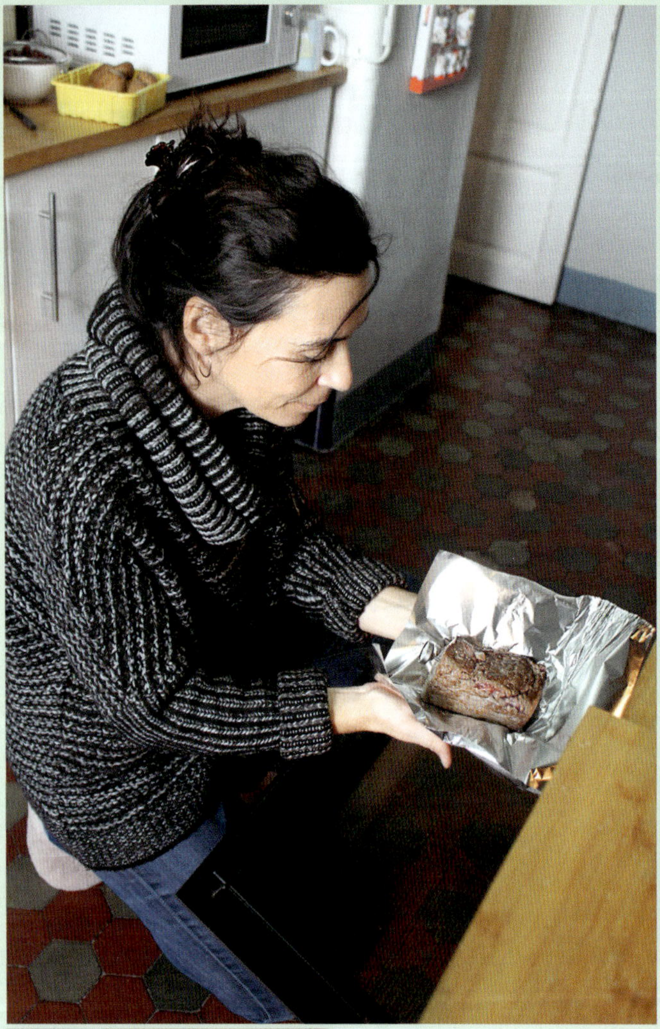

RINDERFILET

Zart ist als Adjektiv an dieser Stelle völlig untertrieben. Dieses Fleisch ist so unfassbar schmelz-zart, dass Fleischliebhaber in Tränen ausbrechen könnten. Ist schon passiert, kein Witz.

Zutaten für 2 Portionen

- ½ kg Rinderfilet, gut abgehangen (mit Kette 600–650 g; die »Kette« ist der rundliche, recht fettige und eher lose dranhängende Teil mit etwa 2 cm Durchmesser, der seitlich am Filet entlang, na ja, dranhängt)
- Olivenöl zum Anbraten
- 2–3 Schluck Weißwein
- 1 Bund grüner Spargel
- etwas frisch geriebener Parmesan
- Salz

1. Den Backofen auf 150 °C vorheizen. Das Rinderfilet von Fett, Silberhaut und der Kette, falls vorhanden, befreien. Dann salzen und im Olivenöl in einer Pfanne von allen Seiten kurz und scharf anbraten. Die zuvor entfernte Kette – falls vorhanden – einfach in kleine Stücke schneiden und mitbraten, das liefert herrliche Aromen für die Sauce.

2. Jetzt alles Fleisch herausnehmen, den Bratensatz in der Pfanne mit dem Weißwein ablöschen und diesen mit der Restwärme der Pfanne etwas einkochen lassen. Das Fleisch auf einem Stück Alufolie derweil auskühlen lassen und nach etwa 5 Minuten auf der Folie für 35 bis 45 Minuten im Backofen (Mitte) garen. (Empfehlenswert ist ein Bratenthermometer, 52 bis 54 °C Kerntemperatur sollte das Fleisch am Ende der Garzeit erreicht haben.)

3. Währenddessen die Sauce etwas salzen und in ein Schüsselchen umfüllen.

4. Den Spargel waschen und das untere Viertel abschneiden. In der Pfanne 2 bis 3 Esslöffel Olivenöl erhitzen und darin den Spargel braten, ab und zu wenden. Er darf ruhig Farbe bekommen, so schmeckt er am besten. Das dauert bei mittlerer Hitze etwa 15 Minuten.

Fortsetzung auf der nächsten Seite ▶

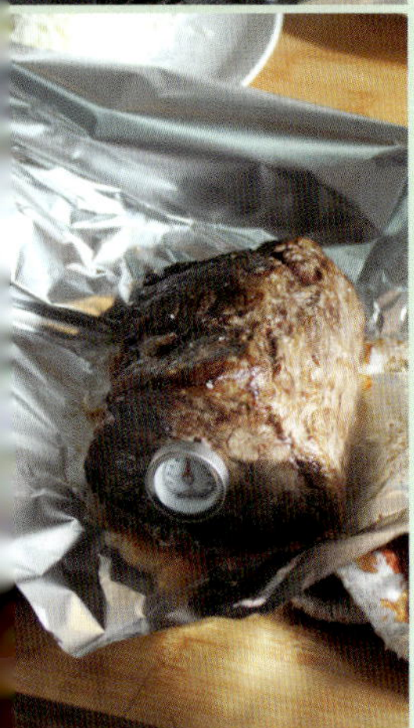

5. Wenn die Kerntemperatur erreicht ist, verlässt unser Filet das Backrohr und zieht noch mal 5, besser 10 Minuten nach, und zwar eingewickelt in die Alufolie, auf der es zuvor lag, damit ihm nicht kalt wird.

6. Zum Servieren das Fleisch in Scheiben schneiden, noch mal leicht salzen und etwas von der Sauce darüberträufeln, so wird es saftig und gschmackig. Fehlt nur noch der Spargel, den servieren Sie mit geriebenem Parmesan und einem Hauch Salz. Fertig!

Tipps:

- Wer kein Bratenthermometer hat: Das Filet im Backofen einfach nach 30 Minuten mal anschneiden und nachsehen, ob es passt. Keine Angst, selbst höchstdekorierte Spitzenköche bedienen sich dieses Tricks.

- Sie können das Fleisch gerne auch schon einen Tag vorher einsalzen. Dadurch dringt das Salz gut ein, löst Muskeleiweiß, lockert die Struktur und erhöht das Wasserbindevermögen. Auch wenn vorher Einsalzen mancherorts verpönt ist, in Wahrheit wird das Fleisch nicht nur gschmackiger und zarter, sondern sogar auch noch saftiger.

- Beim Ziehenlassen nach dem Backrohr gart das Fleisch noch nach, 52 bis 54 °C Kerntemperatur reichen also wirklich.

- Wer die Muße dazu hat: Man kann die Kette auch vom Fett befreien und herrliches Beef Tatar daraus machen, anstatt sie zu verbraten. Auf Toast mit etwas Dijonsenf serviert ein herrlicher Welcome-Snack!

MARQUÉS DE RISCAL
2018
RUEDA

BEEF TATAR

Ja, ich weiß: Es ist rohes Fleisch. Also das Gleiche wie Sushi, nur anders. Und ja, ich finde die Vorstellung, rohe Kuh zu essen, also praktisch von ihr abzubeißen, durchaus eigenartig – aber wenn der Monatszyklus sich dieser kritischen Phase nähert (kritisch im Sinne von andere Leute finden sie kritisch, nicht ich – und mit andere Leute meine ich meinen Lebensgefährten), also dann ist Beef Tatar genau das Richtige.

Zutaten für 2–4 Portionen

- 250 g Rinderfilet ohne Kette (Kette ist dieser halb lose, fettige Strang, der sich seitlich am Filet befindet)
- 1 große Zwiebel
- 1 TL Kapern
- 3 kleine Essiggurken
- ½ TL Dijonsenf
- 3–4 Spritzer Worcestershiresauce
- Salz, Pfeffer aus der Mühle
- eventuell: Toastbrot und Butter

1. Die Zwiebel schälen, drei Viertel davon in Scheiben schneiden, die restliche Zwiebel, Kapern und eine Essiggurke sehr fein hacken.

2. Das Rinderfilet von jeglichem Fett befreien und sehr fein hacken – am besten geht das, wenn man es zuerst längs zur Faser in Streifen schneidet und die Streifen dann quer zerkleinert. Das Filet zusammen mit dem gehackten Zeug in eine Plastikschüssel geben und mischen. Einen halben Teelöffel Salz, den Dijonsenf und die Worcestershiresauce dazugeben und das Tatar richtig gut durchkneten. Kurz ziehen lassen und mit Salz und Pfeffer nach und nach abschmecken, bis es richtig lecker ist.

3. Die restlichen Essiggurken fein hacken und mit den restlichen Kapern und den Zwiebelscheiben zum Beef Tatar servieren. Die klassische Variante ist: Toastbrot toasten, Butter drauf, und dann mit Tatar und nach Lust und Laune mit Zwiebel, Kapern, Essiggurken belegen (immer Bissen für Bissen, es ist ja keine Wurstsemmel). Auch ein kleiner Hauch Salz und/oder Pfeffer passt gut.

Fortsetzung auf der nächsten Seite ▶

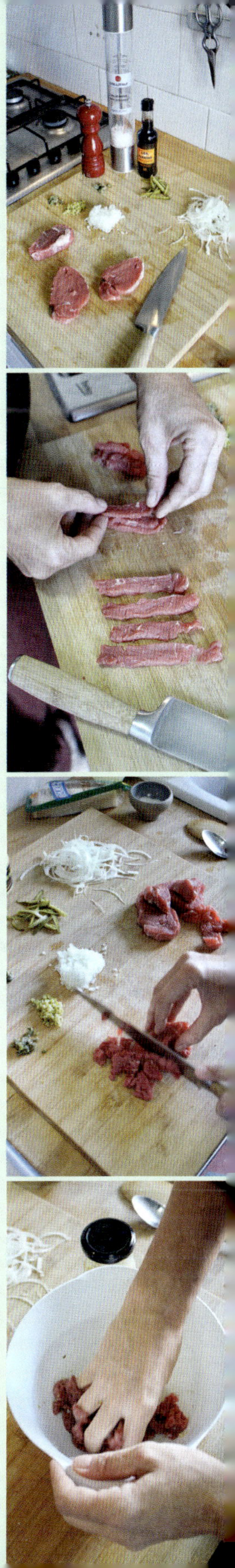

Tipps:

- Das Rinderfilet lässt sich am besten schneiden, wenn man es im Gefrierfach bis knapp an die Gefriergrenze kühlt.
- Man kann das Filet auch beim Kaufen durch den Fleischwolf drehen lassen – ich finde es gehackt besser, das ist auch das originale Rezept.
- Junges, wenig gereiftes Rindfleisch ist eher hell und knallrot, gut gereiftes eher dunkel. Für Beef Tatar eignet sich junges besser – es ist saftiger.
- In manchen Ländern wird das Filet auch gröber gehackt, in etwa 3 Millimeter große Stücke. Eine interessante Variante, die durchaus einen Versuch wert ist.
- Verwenden Sie keinen gemahlenen Pfeffer, außer Sie haben hochwertige Cuvées bester Qualität. Es geht hier um das Aroma, nicht um die Schärfe.
- Der »gefährlichste« Temperaturbereich für rohes Fleisch liegt zwischen 20 und 45 °C. Hier also kalt und schnell arbeiten.
- Die Traditionsvariante mit Eigelb fällt wegen des Salmonellen-Restrisikos aus, das tut dem Geschmack aber keinen Abbruch.

GAMBAS AL HORNO (GARNELEN AUS DEM OFEN)

Das Schwierigste an diesem Gericht ist, die Gambas zu essen, ohne sich zum Horst zu machen. Als meine Freundin Concha mich das erste Mal zum Gambasessen einlud, sah sie mir eine Zeit lang zu und bemerkte dann trocken: »Da, wo du herkommst, ist das Meer wohl weit weg?«
Recht hatte sie. Falls Sie auch nicht ganz geübt sind: Als Erstes mit den Fingern den Kopf abbrechen, dann das hinterste Schwanzstück und die Beinchen abzupfen und dann das Fleisch rauspulen. Das hat auch den Vorteil, dass beim Gambas-in-den-Mund-Schieben die Finger gleich etwas von der herrlichen Knoblauchtunke mittransportieren.

Zutaten für 2 Portionen

- 15 frische Gambas (oder tiefgefrorene, siehe Tipps)
- 2 Knoblauchzehen
- ein paar Stängel Petersilie
- 50 ml Olivenöl
- 2 Zitronenschnitze
- grobkörniges Salz
- dazu: Weißbrot

Außerdem:

- eine ofenfeste Auflaufform
- und ein Mörser wäre auch gut

1. Den Backofen auf 200 °C vorheizen. Knoblauchzehen schälen, klein hacken und zusammen mit den Petersilienblättchen und etwa einem halben Teelöffel grobkörnigem Salz in einem Mörser zerquetschen. 50 Milliliter Olivenöl dazu, verrühren.

2. Die Gambas in Löffelchenstellung in die Auflaufform betten, die Sauce drübergeben, ein bisschen grobes Salz drüberstreuen und die Gambas für 10 bis 15 Minuten in den Ofen schieben. Mit je einem Schnitz Zitrone auf zwei Tellern anrichten und mit frischem Weißbrot servieren (und mit Weißwein oder Cava).

Fortsetzung auf der nächsten Seite ▶

Tipps:

- Tiefgefrorene Gambas gehen auch. Man kann sie über Nacht im Kühlschrank auftauen lassen oder, und das ist ein absoluter Lieblingstipp: Legen Sie die gefrorenen Gambas 10 Minuten in eine Schüssel mit kaltem Wasser – in das Wasser geben Sie eine gute Handvoll Salz (das Wasser sollte so salzig sein wie Meerwasser), das macht die Gambas knackig wie frisch aus dem Meer.
- Man kann Gambas auch blechweise in großen Mengen machen. Wenn Sie die Sauce vorbereiten, können Sie ohne großen Aufwand Gambas nachliefern, bis die Gäste platzen. Rechnen Sie mit mindestens 6 Gambas pro Person.

FISCH IN MEERSALZKRUSTE

Das ist so ein Ding, für das wird man bewundert. Ein »Aaaahh«- und »Ooohhh«-Gericht, perfekt für festliche Familienessen. (Außerdem kann man eventuelle Aggressionen ganz hervorragend an der Salzkruste rauslassen …)

Zutaten für 2 Portionen

- 1 Fisch, ausgenommen und geschuppt, Wolfsbarsch ist super, auch Dorade oder Forelle, Hauptsache der Fisch ist ganz (ca. 400 Gramm, also ca. 25–30 cm lang)
- 2 kg grobes Meersalz
- 3 Eier (M)
- 1 Knoblauchzehe
- 1 Scheibe von einer Bio-Zitrone
- 3 Stängel Petersilie oder 2 Zweige Rosmarin (optional)

1. Zu Beginn den Backofen auf 220 °C vorheizen. Den Fisch mit superkaltem Wasser waschen, mit dem auseinandergeklappten Bauch nach unten auf 2 Blätter Küchenpapier stellen und 3 Minuten austropfen lassen.

2. Inzwischen das Salz in eine Schüssel kippen. Die Eier trennen und die Eiweiße mit den Händen gut unter das Salz mischen. Die Eigelbe anderweitig verwenden, die brauchen wir nicht.

3. Danach den Bauch innen mit Küchenrolle trocken tupfen (sonst bleiben Wasserreste drin).

4. Anschließend den Bauch mit dem gepressten Knoblauch, der Zitronenscheibe und Gewürzen nach Wunsch füllen – der Fisch darf auch innen leicht gesalzen werden. Zusätzlich können gerne auch noch ein paar Spritzer Zitronensaft rein, das bringt nochmal extra Aroma.

5. Ein kaltes Backblech mit Backpapier belegen und eine fingerdicke Schicht Salz draufmachen, so groß wie der Fisch plus rundherum 3 Zentimeter Überstand. Dann den Fisch auf das Salz legen, den Überstand an den Fisch herandrücken und anschließend den Fisch mit dem restlichen Salz vollständig einpacken. Es sollte eine gleichmäßig dicke Schicht sein,

Fortsetzung auf der nächsten Seite ▶

auch diese fingerdick. Beim Bauch so arbeiten, dass kein Salz in den Bauch rieselt.

6. Dann ab damit ins Backrohr: auf der mittleren Schiene, die ersten 10 Minuten bei 220 °C, dann 15 Minuten bei 180 °C. Danach aus dem Rohr nehmen und ohne Temperatur nochmal 5 Minuten ziehen lassen.

7. Jetzt darf die Salzkruste zerklopft, der Fisch vorsichtig herausgehoben und serviert werden. Als Werkzeug eignet sich ein Fleischklopfer, aber auch eine Pfanne, ein Topf, ein Hammer oder was sonst Steinhartes bei Ihnen herumliegt.

8. Als Beilage schmecken Salate, Mangold, Kartoffeln in allen Variationen oder mit Rucola und Parmesan verfeinerte Polenta.

Tipps:

- Die Haut des Fisches verhindert das Eindringen des Salzes in den Fisch, es wird also gar nicht so salzig, wie es aussieht, sondern großartig.
- Für 4 Portionen einen Fisch mit circa einem Kilogramm Gewicht nehmen, die Garzeit bei 180 °C auf 20 Minuten verlängern und den Fisch danach 10 Minuten ziehen lassen.

BONITO DEL NORTE
ORTIZ
El Velero
EN ESCABECHE
OVAS DE BACALHAU EM AZEITE
MESTRES CONSERVEIROS
VINTAGE LIMITED EDITION
For true lovers!
PORTHOS
SINCE 1942
MINERVA
PASTA DE BACALHAU
CODFISH PATE
75g
SPICED CALAMARI IN RAGOUT SAUCE
NET WT. 120 G (4 OZ)

PORTUGIESISCHE BRÖTCHEN

Während der heimische Dosenfisch eine recht unglückliche Kreatur mit niedrigem Ansehen ist, können Sie mit Fischdosen aus Portugal, Spanien oder Frankreich sowohl kulinarisch als auch kosmopolitisch glänzen. Wer hier die Nase rümpft, beweist nur, dass er noch nie in einem der kunterbunten Dosen-Restaurants war, die inzwischen nach portugiesischem Vorbild auch in London, Paris, Berlin und Wien aufgeploppt sind.

Erlaubt ist, was eingelegt ist: Sardinen, Makrelen, Sardellen, Tintenfisch, Thunfisch, Seeigel und Anchovis, Bonito del Norte, Krebsfleisch, Muscheln, Calamar und Pulpo in Tomate. Alles, was Sie kriegen können, geht.

Apropos kriegen: Gucken Sie in den ganz großen Supermärkten, da gibt es mehr Auswahl.

1. Das Rezept geht so: Die Doseninhalte möglichst dekorativ auf gerösteten Weißbrotscheiben verteilen, dekorieren und am Schluss über alles etwas Olivenöl träufeln (oder Sauce aus den Dosen), mit einem Zahnstocher fixieren, fertig. Das ist ein bisschen wie früher Perlen auffädeln, aber macht Spaß und das Ergebnis sieht mega aus.

2. Dekorative Kombis ergeben sich mit: Tomaten, Fetastückchen, Sprossen aller Art, Radicchiostücken, Salat generell, Zwiebelringen, Schnittlauch, Petersilie, Basilikum und bestimmt noch ungefähr hundert anderen Dinge, an die ich nicht gedacht habe.

Tipp:

Glänzen Sie ruhig mit unnützem Wissen: Der Hype um die Sardine gipfelt in den sogenannten Jahrgangssardinen. Für eine Dose mit qualitativ hohen, im September gefangenen Sardinen, die in gewürztem Öl lagern und im Optimalfall zweimal im Jahr gewendet werden, zahlen Sammler bis zu 50 Euro.

DORADE VALENZIANISCH

Fisch hat an sich schon so was Besonderes, oder? Vielleicht weil er extra den weiten Weg auf sich genommen hat …
Die valenzianische Art mag ich deswegen so gerne, weil man das Fischlein größtenteils sich selbst überlassen kann – und so doch noch zum Duschen und Schminken kommt, bevor der oder die Mitesser/-in eintrifft.

Zutaten für 2 Portionen

- 1 Dorade, ausgenommen und geschuppt, so etwa 300–400 g
- 2–3 große Kartoffeln
- 1 mittelgroße Zwiebel
- etwas Olivenöl
- 1 große Tomate
- 2 Knoblauchzehen
- 4 Stängel Petersilie
- 1 Scheibe von einer Bio-Zitrone
- 2–3 Schuss trockener Weißwein
- Salz

Außerdem:

- eine ofenfeste Auflaufform

1. Den Backofen auf 180 °C vorheizen. Die Kartoffeln waschen und in Scheiben schneiden, etwa einen halben Zentimeter dick – ob längs oder quer ist eigentlich egal, die Schale darf ruhig dranbleiben.

2. Die Zwiebel schälen und ebenfalls in Scheiben schneiden, etwa 3 bis 4 Millimeter dick. Kartoffeln und Zwiebel in die Auflaufform schmeißen, salzen und etwas Olivenöl drüberträufeln. Die Tomate waschen, halbieren, vom Stielansatz befreien, ebenfalls gut salzen und auf die Kartoffel-Zwiebel-Mischung legen. Jetzt kommt das Ganze für 30 Minuten in den Backofen.

3. Währenddessen die Dorade gut waschen und danach innen und außen mit Küchenpapier trocknen. Die Dorade innen gut salzen, dann den Knoblauch schälen, mit einer Knoblauchpresse zermatschen (oder klein hacken oder in feine Scheiben schneiden), gleichmäßig im Bauch der Dorade verteilen und anschließend die Petersilie und zwei halbe Zitronenscheiben dazustopfen.

Fortsetzung auf der nächsten Seite ▶

4. Wenn die 30 Minuten vorbei sind, die Auflaufform aus dem Backofen nehmen, den Fisch dazulegen und nochmal 15 bis 18 Minuten (je nach Größe der Dorade) in den Ofen geben.

5. Danach herausnehmen, schnell mit 2 bis 3 Schuss Weißwein ablöschen und vor dem Servieren unbedingt noch mal 5 Minuten ziehen lassen – fertig!

Tipps:

- Man kann die Tomatenhälften herrlich aromatisieren – zum Beispiel mit Knoblauch, Olivenöl und italienischen Gewürzen, auch ein Mozzarellahäubchen macht was her.
- Die Dorade auf einer Seite von außen einschneiden und halbe Zitronenscheiben hineinstecken – das ist ein herrlicher Hingucker.

40-KNOBLÄUCHE-HUHN (HUHN VAN HELSING)

Ein tolles Gericht, wirklich – zumindest, wenn Sie an diesem Abend nicht mehr vorhaben, unter Leute zu gehen. Falls doch – kein Vampir wird sich Ihnen heute nähern, so viel ist sicher. Erfunden haben es die Franzosen. Danke dafür, und auch wenn 40 Knoblauchzehen wirklich, wirklich viel sind: Das Huhn selbst schmeckt nicht extrem nach Knoblauch. Es ist der Knoblauch, den man aus dem Bräter fischt und aufs Brot drückt, der einen fertig macht.

Zutaten für 4 Portionen

- 1 herrliches Hähnchen (1–1,5 kg)
- ein paar Stängel Staudensellerie (hier: fast ein ganzes Bund, so 300 g)
- etwas Olivenöl
- 40 Knoblauchzehen (2–3 Knollen)
- 3–4 Zweige Rosmarin
- 7–8 Zweige Thymian
- Salz, Pfeffer

Außerdem:
- ein Bräter mit Deckel

1. Den Backofen auf 200 °C vorheizen.

2. Das Hähnchen innen und außen mit Salz und Pfeffer einreiben. Falls Sie mit einer Pfeffermühle arbeiten, haben Sie im Idealfall jemanden zu Hause, der dem Tier die Schlegel spreizt, damit Sie gut rankommen. Ansonsten alles vorher mahlen und reinschmeißen.*

3. Den Sellerie in kleine Würfel schneiden. Die Knoblauchzehen mitsamt ihrer Haut und dem Sellerie in einem Bräter in Olivenöl ein paar Minuten anbraten.

* Vielleicht fällt Ihnen auf, dass wir den Vogel nicht vorher waschen. Jede mag das machen, wie ihr wohler ist, ich mache es nicht, und es bringt auch gar nichts: Im Gegenteil werden durch das Waschen Keime wie Salmonellen oder Campylobacter mitsamt den Wasserspritzern nur in der Küche und auf einem selbst verteilt, am Fleisch bleiben sie aber trotzdem weiter haften. Im Ofen (oder in der Pfanne) hingegen gehen sie eh hops.

Fortsetzung auf der nächsten Seite ▶

4. Alles in eine Ecke des Bräters schaufeln und das Hähnchen mit der Brustseite nach unten 4 bis 5 Minuten anbraten, bis die Haut schön goldbraun ist. Dann das Huhn wenden, noch mal 4 bis 5 Minuten anbraten, die Kräuter zugeben und im geschlossenen Bräter für 1,5 Stunden in den Ofen geben.

5. Dann nehmen Sie den Deckel runter und lassen den Vogel nochmal 15 Minuten lang bräunen, damit die Haut knusprig wird.

6. Das Ding können Sie genau so auf den Tisch bringen, ganz hervorragend ist Brot dazu, auf dem man die Knoblauchzehen zerdrücken kann. Und Weißwein.

Tipps:

- Sie können den Sellerie weglassen, wenn Sie den nicht mögen.
- Sie können den Vogel auch, bevor Sie ihn in den Ofen schieben, mit etwas Weißwein ablöschen, falls Sie den im Gegensatz zum Sellerie durchaus mögen.

CAFE

SOFA-FERNSEH-GERICHTE FÜR DEN ABEND

Sofa-Fernseh-Gerichte – das klingt zugegebenermaßen nicht sehr sexy. Es sieht auch nicht sehr sexy aus: Im Idealfall rekelt man sich in Klamotten, die jeder Beschreibung spotten, zwischen Sofakissen und schiebt sich nebenbei löffelweise Nahrungsmittel direkt in den Mund. Dafür sind manche Gerichte mehr, manche weniger geeignet. Ein Fondue zum Beispiel ist weniger geeignet. Die Rezepte, die Sie hier finden, sind bezüglich der Sofatauglichkeit getestet. Mehrfach und teils seit Jahren. Falls Sie mit dem Essen auf dem Sofa noch nicht so vertraut sind, hier ein Tipp vom Profi:

Profis haben nämlich ein extra Tablett, das nur dem Zweck dient, einen Teller oder eine Schüssel Essen auf dem Schoß zu balancieren, während man glotzt.

KÄSEKEKSE

Käsekekse sind ein optimaler Chipsersatz. Man kann sie nebenbei dahinmümmeln, ohne dass irgendwas tropft, überschwappt oder sonst wie Flecken aufs Sofa macht – außerdem schmecken sie fein nach Käse und sie machen satt, im Gegensatz zu den Chipskollegen. Dem Kind habe ich sie auch schon untergejubelt und sie stießen dort auf große Begeisterung.

Zutaten für so 15 Kekse – ungefähr

- 130 g Mehl
- 50 g geriebener Parmesan oder Pecorino
- 50 g geriebener Schafskäse (oder Ziegenkäse oder was Sie eben mögen)
- 90 g salzige Butter
- Salz
- Mohnsamen, wer hat

1. Den Backofen auf 180 °C vorheizen. Das Mehl, den Käse und die Butter in Flocken mit einer Prise Salz mit den Händen zu einem Teig verkneten. Die Teigkugel in Frischhaltefolie wickeln und eine Stunde im Kühlschrank verschnaufen lassen.

2. Dann den Teig auf einer leicht bemehlten Arbeitsfläche ausrollen und mit den Lieblings-Plätzchenformen die Kekse ausstechen. Die Kekse auf ein mit Backpapier belegtes Blech legen, mit Mohnsamen bestreuen und für 10 Minuten ungefähr in den Ofen. Die Kekse sind fertig, wenn sie hübsch goldbraun sind.

Tipp:

Eventuell wiederhole ich mich, aber Weißwein passt auch hier ganz hervorragend dazu … Wenn ich es recht überlege, passt Weißwein eigentlich zu allem.

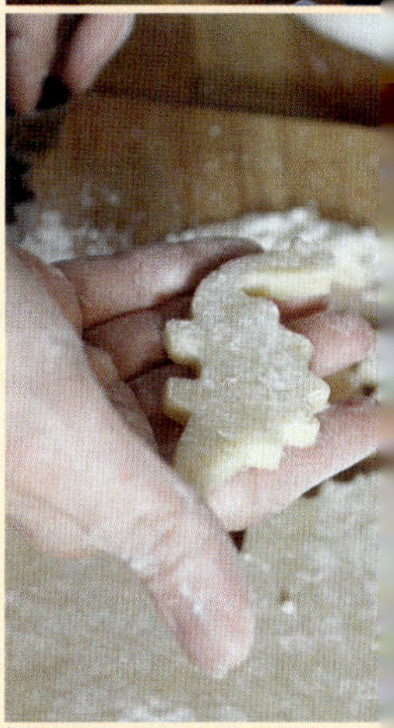

SPANISCHE TORTILLA UND PAN CON TOMATE

An der spanischen Tortilla bin ich mehrfach und spektakulär gescheitert. Nicht, dass sie schwer zu machen wäre – aber ich dachte, ich bringe das ohne Rezept hin. Ich meine, Omelett mit Kartoffeln drin, wie schwer kann das sein? Nach mehreren Beileidsbekundungen ob meiner kläglichen Tortillas hat sich meine Freundin Catha erbarmt und mir das Rezept ihrer Oma beigebracht, das kann ich Ihnen nur weiterempfehlen.

Zutaten für etwa 4 Portionen

- 3 so mittelgroße Kartoffeln
- neutrales Öl, z.B. Sonnenblume, ungefähr 2 Tassen (500 ml)
- etwas Olivenöl
- 1 kleine Zwiebel (ob Zwiebel oder nicht, daran scheiden sich die Geister, ich mag Tortilla lieber mit, man kann sie aber ohne Weiteres weglassen)
- 4 Eier
- Salz, Pfeffer

1. Die Kartoffeln schälen, vierteln, quer in circa 3 Millimeter dicke Scheiben schneiden und in eine Pfanne geben. Das Sonnenblumenöl darübergießen, gerade so viel, dass die Kartoffeln fast bedeckt sind. Das Öl erhitzen und die Kartoffeln frittieren, aber nicht dunkel werden lassen (so 10 bis 15 Minuten).

2. In der Zwischenzeit die Zwiebel, falls verwendet, schälen, in kleine Würfel schneiden und in einem kleinen Topf bei kleiner Hitze in etwas Öl glasig dünsten.

3. Die Eier in einer Schüssel verquirlen, salzen und pfeffern.

4. Sobald Zwiebel und Kartoffeln fertig sind, die Kartoffeln abgießen, mitsamt den Zwiebeln in die Eimasse geben und alles verrühren.

5. Eine kleine Pfanne (20 Zentimeter Durchmesser) mit etwas Öl auspinseln, die Ei-Kartoffel-Mischung hineingießen und bei kleiner Hitze stocken lassen. Sobald das Ei auf der Oberfläche fast gestockt ist,

Fortsetzung auf der nächsten Seite ▶

die Tortilla umdrehen, und zwar so: Einen Teller, der etwas größer ist als die Pfanne, auf die Pfanne legen und mit Schwung die Pfanne samt Teller umdrehen. Die Tortilla wieder vorsichtig vom Teller in die Pfanne schieben und die andere Seite bei kleiner Hitze braten. In ein paar Minuten sollte sie fertig sein.

6. Wer mag, kann die noch heiße Tortilla etwas nachsalzen, dann zieht das Salz noch gut ein.

7. Die fertige Tortilla wird klassisch in kuchenstückgroße Stücke geschnitten oder gewürfelt und mit Zahnstochern bestückt (dann taugt sie auch als Mitbringsel für ein Gelage).

Tipp:

Ideal dazu und eine ganz wunderbare Sache ist Pan con Tomate. Dazu Weißbrot toasten, auf der Röschen-Oberfläche eine halbierte Knoblauchzehe verreiben, ein Tomatenviertel drauf verreiben, etwas Olivenöl drüber und salzen. Das schmeckt unfassbar gut. Machen Sie das auch beim Grillen nebenher, denn das ist eine Topbeilage: Den Knoblauch, die Tomaten, Öl und Salz auf den Tisch stellen und das Brot grillen – da haben dann alle am Tisch was zu tun, nicht nur der arme Tropf am Grill.

OFENTOMATEN

Die Ofentomaten waren mein Notnagel zu der Zeit, als das Kind nur Nudeln-ohne-alles essen wollte.
Damit es nicht irgendwann an Skorbut erkrankte, suchte ich nach irgendetwas, das man diesen verdammten Nudeln beimengen könnte und vom Kind anstandslos mitgegessen wird – etwas außer Überraschungseiern. Voilà: Ofentomaten. Die kleinen Cherrytomaten sind an sich schon süß – ein absolutes Topargument für das Kind – und dann noch mit Honig, das war praktisch ein No-Brainer.
Das Coole: Man kann die Tomätchen auf Nudeln verteilen (gerne mit Parmesan), sie sind aber auch eine ganz hervorragende Beilage zu Fisch oder Fleisch, sogar als Salat neben Gegrilltem machen sie sich gut. Ein paar Mozzarellakugeln dazu, ein paar Tropfen Balsamico-Essig drüberträufeln und es ist eine lauwarme Herrlichkeit.

Zutaten für etwa 2 Portionen

- eine Schale (300 g) Kirschtomaten
- 1 Knoblauchzehe
- 4 EL Olivenöl
- 1 EL Honig (Ahornsirup geht auch)
- Salz, Pfeffer
- 1–3 Zweige Rosmarin (optional)

Außerdem:
- eine ofenfeste Auflaufform

1. Den Backofen auf 160 °C vorheizen.

2. Die Kirschtomaten waschen und halbieren. Den Knoblauch schälen, durch die Presse drücken oder hacken und mit dem Öl und dem Honig verrühren.

3. Kirschtomatenhälften dazu, umrühren und alles in eine Auflaufform geben.

4. Salzen, pfeffern und die Rosmarinzweige drauf, alles ungefähr 30 Minuten in den Backofen schieben, fertig.

Tipp:
Kein Tipp. Simpler geht's nicht.

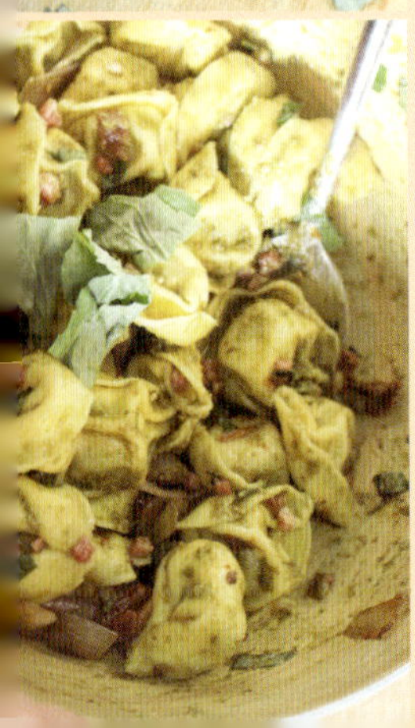

TORTELLINI-SALAT

Das Wort Salat suggeriert eine gesunde, kalorienfreie Note, die an dieser Stelle vollkommen irreführend sowie frei erfunden ist. Tatsächlich handelt es sich um eine köstliche Portion lauwarmer Pasta, die herrlich beim Seriegucken oder nebenbei am Computer vertilgt werden kann. Gleichzeitig ist es auch der Salat, den ich gerne zum Grillen mitbringe, es ist nämlich mal was anderes als der ewige Blatt- und der noch ewigere Nudel-Gürkchen-Mayonnaise-Salat.

Zutaten für 1 sehr große oder 2 normale Portionen

- 1 Packung (250 g) Tortellini aus dem Kühlregal im Supermarkt; nehmen Sie Ihre Lieblingsvariante
- 3 Schalotten oder ½ Zwiebel
- etwas Öl
- 1 EL Zucker
- 50 g getrockente Tomaten in Öl
- eine Handvoll (75 g) Speckwürfel (optional)
- ½ Glas Basilikum-Pesto (wenn Sie Ambitionen haben, machen Sie es selber, siehe S. 132)
- Salz, Pfeffer
- ein paar Basilikumblätter sind cool, müssen aber nicht

1. Die Schalotten schälen, längs vierteln (oder sonst wie klein kriegen) und etwa etwa 8 Minuten in etwas Öl braten. Den Zucker drüberstreuen, salzen, pfeffern und vom Herd nehmen.

2. Die Tortellini kochen, wie es die Packung sagt, und währenddessen die getrockneten Tomaten abtropfen und klein hacken. Wer die Option mit Speck mag, röstet ihn jetzt in einer Pfanne ohne Fett an.

3. Die Tortellini abgießen und noch tropfnass mit dem Pesto, den Tomaten, dem Speck und den Schalotten vermischen, das Basilikum drüberrupfen, fertig.

SELBST GEMACHTES BASILIKUMPESTO

Zutaten für 1 Gläschen

- 50 g Pinienkerne, also eine Packung halt
- 1 TL Butter
- 1 Knoblauchzehe
- 2–3 Handvoll Basilikumblätter
- ca. 75 ml Olivenöl
- 1 Handvoll frisch geriebener Grana Padano oder Parmesan
- Salz

1. Die Pinienkerne in einer beschichteten Pfanne mit einem Teelöffel Butter bei kleiner Hitze vorsichtig goldbraun anrösten. Das dauert ein wenig, aber wenn man es mit der Hitze übertreibt, werden die Pinienkerne bitter.

2. Die Knoblauchzehe schälen. Dann die Pinienkerne, die Basilikumblätter, die Knoblauchzehe und das Olivenöl in einem sehr schmalen und hohen Gefäß mit dem Pürierstab ordentlich durchpürieren, danach darf der geriebene Parmesan dazu. Wer mag, macht es mit etwas zusätzlichem Olivenöl noch etwas dünnflüssiger. Das Pesto mit Salz abschmecken, gelegentlich hat man auch Lust auf etwas mehr Knoblauch. Fertig!

KARTOFFEL-ZWIEBEL-GRATIN

Eine Variation von einem echten Klassiker, besonders bringt es der Thymian, machen Sie den unbedingt dran. Wer eine schicke, ofenfeste Pfanne hat, nimmt die, dann sieht das auch noch toll aus.

Zutaten für 3–4 Portionen

- 400 g Kartoffeln (2–3 echt große)
- 2 Zwiebeln
- etwas Öl
- 1 Knoblauchzehe
- 100 g Greyerzer (oder mittelalter Gouda)
- ¼ l Milch
- 1 TL gehackter Thymian
- Salz, Pfeffer
- 1 Ei
- frisch geriebene Muskatnuss (optional)
- schick: Kresse (auch optional)

Außerdem:

- eine ofenfeste Auflaufform

1. Den Backofen auf 180 °C vorheizen.

2. Die Kartoffeln waschen, schälen, achteln und 10 Minuten in kochendem Salzwasser garen.

3. Die Zwiebeln schälen und in dicke Spalten schneiden, Öl in einer Pfanne erhitzen und die Zwiebeln darin 5 Minuten dünsten, derweil den Knoblauch schälen und hacken und den Käse raspeln.

4. In einem Topf die Milch, den Knoblauch und den Thymian erhitzen, dann den Käse dazugeben und vom Herd nehmen. Der Käse sollte jetzt schmelzen. Die Sauce salzen, pfeffern, wer mag, kann die Muskatnuss zwei-, dreimal drüberhobeln. Das Ei verquirlen und unter die Sauce rühren.

5. Kartoffeln und Zwiebeln in eine Auflaufform (oder in die schicke Pfanne) schichten, die Sauce darübergießen und das Gratin im Backofen 25 Minuten überbacken. Wer hat, streut danach etwas Kresse drüber, das sieht sehr schick aus.

ES SOLL IRGENDWIE EXOTISCH SCHMECKEN …

Nudeln mit Tomatensauce sind zwar toll – also wirklich toll – und mit Kräutern, Pilzen, Fleischigem und anderen Beigaben kann man daraus schier unendlich viele Variationen zaubern, aber manchmal ist es einfach großartig, wenn die Geschmackszäpfchen erfreut »Überraschung!« rufen und in die Geschmackszäpfchen-Hände klatschen.

Dafür, und das sind die guten Nachrichten, muss man nicht extra zum asiatischen Supermarkt fahren und raten, was sich in den Tüten mit unklarem Inhalt befindet. Ein bisschen Ingwer, Koriander, ganz profaner Balsamico-Essig oder ein Schuss Sojasauce reichen oft schon. Wenn man dann noch eine Dose mit roten Pfefferkörnern oder Chiasamen oder ein paar Sprossen zum Dekorieren irgendwo stehen hat, ist der gebratene Schlichtfisch schon zum »irgendwie exotischen Fisch« aufgestiegen. Es ist außerdem eine Eins-a-Möglichkeit, die Dose Kokosmilch aus dem Jahr 1989 zu verbrauchen, die ganz hinten im Regal steht und schon einige Umzüge hinter sich hat.

NOODLES DE
ARROZ
OSTRAS
DE COCO

PIMENTÓN DULCE
PIMENTÃO DOCE
HACENDADO
Curry
HACENDADO

EXOTISCHE 15-MINUTEN-AM-EHESTEN-NOCH-THAI-SUPPE

Eine Suppe, die nicht ewig köcheln muss, um ganz wunderbar zu schmecken, sondern sofort durchstartet (und selbst die unerfahrenste Köchin als Spezialistin der asiatischen Küche brillieren lässt). Das Komplizierteste daran ist, im Supermarkt an die Zutaten zu denken.

Zutaten für 4 Portionen

- 2 Knoblauchzehen
- 2 cm von einem Knubbel Ingwer
- 2 EL von einem neutralen Öl
- 350 g Hähnchenfilet (optional)
- 1 ¼ l Gemüsebrühe
- eine Dose Kokosmilch (400 ml)
- 4–5 EL Sojasauce
- 1 EL Austernsauce
- 100 g Glasnudeln (Reisnudeln gehen auch)
- eine Handvoll Koriander

1. Knoblauch und Ingwer schälen, klein hacken und in einem großen Topf im Öl ein paar Minuten garen. Mittlere Hitze genügt. Dann das Hähnchen in mundgerechte Stücke schneiden, dazugeben und von allen Seiten anbraten, bis es rundherum hell ist.

2. Gemüsebrühe, Kokosmilch, Sojasauce und Austernsauce dazu, umrühren und die Glas- oder Reisnudeln 2 bis 3 Minuten weich werden lassen.

3. Den Koriander hacken und mit hineingeben – oder erst beim Servieren obendrauf streuen, das sieht schön aus.

Tipps:

- Mit oder statt dem Hühnchen schwimmen auch Champignons, Zucchini oder sonstiges Gemüse gut in der Suppe.
- Wer Schärfe mag, kann mit dem Ingwer und dem Knoblauch noch 2 Esslöffel rote Currypaste mit in den Topf geben.

GOCKEL, QUASI TERIYAKI

Der Quasi-Teriyaki-Gockel ist kein echter, denn das Hühnchen wird vor dem Garen nicht in einer Reduktion aus Sojasauce, Sake und Zucker geschwenkt und mariniert, man hat ja schließlich noch was anderes zu tun. Insofern ist diese Variante eine schmackhafte, aber Pseudoversion eines glanzvollen japanischen Gerichts … Dafür dauert es auch nur zehn Minuten. (Was heißt eigentlich »Ätsch« auf Japanisch?)

Zutaten für 2 Portionen

- 500 g Hähnchenbrustfilet
- 1 Knubbel Ingwer (so 3 cm)
- 1 Knoblauchzehe
- etwas Öl
- 60 ml Sojasauce
- 50 g Rohrzucker
- etwas Frühlingszwiebel oder Lauch zur Deko (oder sonst ein Grünzeug, falls Sie haben)
- heller Sesam

1. Das Fleisch in mundgerechte Stücke schneiden. Ingwer und Knoblauch schälen und klein schneiden. Das Öl in einer Pfanne erhitzen und den Knoblauch darin etwas anbraten, dann Ingwer und das Fleisch dazugeben und unter häufigem Rühren ein paar Minuten braten, bis das Huhn rundherum weiß ist.

2. Das Fleisch aus der Pfanne nehmen, dafür die Sojasauce und den Rohrzucker in die Pfanne geben und etwas einkochen lassen. Dann das Fleisch wieder dazugeben und in ein paar Minuten zu Ende garen lassen. Frühlingszwiebel oder Lauch putzen, waschen und in feine Streifen schneiden. Das Hähnchen mit Sesam und dem Grünzeug bestreuen, fertig.

Tipp:

Am besten passt dazu Reis und gerne auch Brokkoli.

LINSEN-CURRY

Esst mehr Hülsenfrüchte! Die sind ja so gesund – schon immer ein schlechtes Argument für ein Gericht. Aber die hier sind vor allem so lecker, dass man sie immer wieder haben will – ein viel besseres Argument … Und sie sind in circa zehn Minuten fertig. Und das ist das beste Argument von allen.

Zutaten für 2 Portionen

- 1 Glas Linsen (Abtropfgewicht 350 g)
- 1 Schalotte oder ein Viertel einer großen Zwiebel
- 1 Knoblauchzehe
- etwas Öl
- 1 TL Currypulver
- 1 Prise Cayennepfeffer
- 1 Dose (200 g) stückige Tomaten
- 3 EL Kokosmilch
- ½ Bund Koriander (nach Belieben auch mehr)
- Salz

1. Schalotte oder Zwiebel und Knoblauch schälen und klein hacken. Das Öl in einem Topf erhitzen und Schalotte und Knoblauch darin andünsten, bis die Zwiebel glasig weich ist.

2. Curry, eine Prise Salz und Cayennepfeffer dazugeben und anrösten. Die Tomaten dazugeben und aufkochen. Die Linsen in ein Sieb abgießen, abtropfen lassen, zusammen mit der Kokosmilch in den Topf geben und noch ein paar Minuten vor sich hin köcheln lassen. Inzwischen den Koriander waschen, die Blättchen abzupfen und rein ins Curry damit, fertig.

Tipp:

Wenn der Salat noch 10 bis 15 Minuten Zeit zum Ziehen hat, schmeckt er noch besser.

LINSENSALAT

Linsen sind so geil. Sagt man normalerweise auch nie, diesen Satz. Sind sie aber wirklich! Zumindest, wenn man sie mit einer Menge anderem Zeug mischt. Diese Variante sieht außerdem noch rasend gut aus und ist durch das Austauschen einer einzigen Zutat entweder exotisch oder nicht, gucken Sie:

Zutaten für eine Schüssel

- 1 großes Glas braune Linsen (Abtropfgewicht 400 g)
- etwas Olivenöl
- 1 rote Zwiebel
- 6 Radieschen
- 1 Schale (300 g) Cherrytomaten
- 2 Kugeln Mozzarella (250 g)
- 1 Bund Petersilie (oder wer die exotische Variante mag: statt der Petersilie Koriander nehmen!)
- 3 Frühlingszwiebeln
- 4 EL Kapern
- Weißbrot, Ciabatta, die Brötchen vom Vortag, was Sie so Brotiges zu Hause haben (nach Belieben)

Für das Dressing:

- 3 TL Dijonsenf
- 1–2 TL Honig
- 5 EL weißer Balsamico (oder sonst ein weißer Essig)
- 6–7 EL Olivenöl
- Salz, Pfeffer

1. Das Brot, falls Sie es verwenden wollen, in mundgerechte Stücke reißen. Etwas Olivenöl in einer Pfanne erhitzen und die Brotwürfel darin bei ganz kleiner Hitze anrösten.

2. Inzwischen die Linsen in ein Sieb abgießen und unter fließendem Wasser abspülen. Die rote Zwiebel schälen, halbieren und in feine Ringe schneiden, die Radieschen und Frühlingszwiebeln ebenso, die Tomaten halbieren (oder vierteln) und den Mozzarella in kleine Stücke rupfen. Petersilie (oder Koriander) klein hacken und alles zusammen mit den Kapern vermischen.

3. Für das Dressing den Senf, den Honig und den weißen Essig mit so 6 bis 7 Esslöffel Olivenöl verrühren, salzen, pfeffern und über den Salat geben, vermischen. Die gerösteten Brotstücke dazu reichen.

OFENKAROTTENSUPPE

Suppen machen ja nicht die Hölle an Arbeit – meistens (wie auch hier) wird irgendein Gemüse gegart und mit Brühe püriert. Aber wenn man eine Suppe als Vorspeise serviert, und die dann auch noch mit irgendeinem Grünzeug oder Crème fraîche verziert, kommt man sich vor wie jemand, der beim perfekten Dinner brillieren könnte.

Zutaten für 4 normale (Hauptgericht-) oder 7–8 kleine (Vorspeisen-) Portionen

- ½ kg Karotten
- 3 mittelgroße Kartoffeln
- 2 Schalotten
- 2 Knoblauchzehen
- 7 EL Olivenöl
- 600 ml Gemüsebrühe
- 1 Dose Kokosmilch (Inhalt 400 g)
- gehackte Petersilie zum Garnieren ist schön

1. Den Backofen auf 200 °C vorheizen. Die Karotten schälen und der Länge nach vierteln. Die Kartoffeln und die Schalotten ebenfalls schälen und in grobe Stücke schneiden.

2. Ein Backblech mit Backpapier belegen und die Karotten darauf verteilen, den Knoblauch schälen und drüberstückeln. Karotten mit 3 Esslöffel Olivenöl beträufeln und im heißen Backofen (Mitte) 20 Minuten backen.

3. 4 Esslöffel Olivenöl in einem großen Topf erhitzen und die Kartoffel- und Schalottenstücke darin anbraten.

4. Die Karotten dazuschmeißen. Die Brühe dazugießen und das Gemüse 15 Minuten köcheln lassen, bis die Kartoffeln weich sind.

5. Die Kokosmilch dazugeben, die Suppe noch mal 5 Minuten köcheln, dann mit einem Pürierstab fein pürieren und mit Salz und Pfeffer abschmecken. Nach dem Auftischen mit etwas Petersilie verzieren.

Tipp:

- Wenn Ihnen die Suppe zu dickflüssig ist, können Sie sie mit etwas Gemüsebrühe verdünnen.

Tipps:

- Wer keine Petersilie hat, nimmt Kresse, Schnittlauch oder einen Tupfen Crème fraîche (Crème fraîche geht immer).
- In einem größeren Topf zu pürieren, kann unter Umständen etwas spritzen.

SPÄTE HEIßHUNGERGERICHTE, EVENTUELL ALKOHOLBEDINGT

Es gibt Situationen, da brauchen Sie Ihrem Körper nicht mit Quinoa und Goji kommen, da weiß der instinktiv, was er braucht: Fett. Und Salz.

Nachts und angetrunken vor dem Kühlschrank zum Beispiel – da fallen alle Grenzen, oder? Also jetzt nicht wie in dem alten Film *9 ½ Wochen*, sondern ernährungstechnisch. Und zwar egal, wie low-carb-vegetarisch-paläo-mäßig Sie eigentlich gerade unterwegs sind.

Selbst meine liebe Freundin Anne, die normalerweise nichts anfasst, was Laktose, Gluten, Fleisch oder Zucker enthält, stopft in diesem Zustand wie eine Irre Fischstäbchen, Döner und Cheeseburger in sich hinein. Und zwar hemmungslos. Und ich mache das auch – nur gut, dass Kalorien, die man nach 24 Uhr zu sich nimmt, nicht zählen.

Tipps:

- Wer viele Häppchen für viele Leute braucht, kann die einzelnen Scheiben der Länge nach halbieren und »Mozzarella-Sticks« machen, so entstehen doppelt so viele Häppchen.
- Legen Sie die Mozzarellascheiben im Uhrzeigersinn in die Pfanne – so behalten Sie den Überblick, mit welcher Sie angefangen haben, und Sie braten alle gleich lang.
- Am besten schmeckt es, wenn der Prosciutto beim Servieren noch warm ist – schalten Sie unmittelbar vor dem Wenden den Herd aus (die Restwärme reicht), und bringen Sie die Deko an, während die zweite Seite brät. Servieren Sie die Röllchen sofort noch in der warmen Pfanne. Das sieht obendrein auch noch cool aus.
- Wer eine beschichtete Pfanne hat, braucht kein Öl, unbeschichtete Eisenpfannen hauchdünn mit Öl oder Butter einreiben.

GEBRATENER MOZZARELLA IN PROSCIUTTO

Ob Sie nachts um drei beschwipst nach Hause kommen oder Gäste bewirten, dieses Gericht eignet sich für beides. Die Dinger können Sie nämlich noch zubereiten, wenn die Gäste schon in der Küche stehen. (Warum beginnen und enden freundschaftliche Zusammenkünfte eigentlich immer in der Küche?) Wenn Sie die Aufgabe, alle mit Getränken zu versorgen, abgeben, können Sie gemütlich neben dem Herd stehen, den Käse in Schinken einwickeln und nebenbei quatschen. Und irgendwann heben Sie die Pfanne und können allen etwas anbieten – am besten schmecken die Dinger nämlich frisch aus selbiger. Für die Variante nachts um drei lassen Sie den Deko-Kokolores weg und passen auf, dass Sie sich nicht an der heißen Pfanne verbrennen …

Zutaten für 2 Portionen
(oder 1 Portion für eine gefräßige Person)

- 2 Packungen Mozzarella (die 125-Gramm-Tütchen)
- 1 Packung (80–100 g) Prosciutto oder Serrano-Schinken
- wenn gewünscht, Deko zum Servieren: Feigen, Himbeeren, Brombeeren oder Basilikum-Pesto
- Salz

1. Den Mozzarella abgießen, leicht salzen und in circa 1,5 Zentimeter dicke Scheiben schneiden. Jede Scheibe Mozzarella mit je einer Scheibe Prosciutto einwickeln und leicht andrücken, der Prosciutto hält von selber.

2. Eine beschichtete Pfanne bei mittlerer Hitze vorwärmen, die Mozzarellascheiben hineinlegen und 20 bis 30 Sekunden auf jeder Seite braten. Nach Lust und Laune mit Früchten oder Pesto dekorieren, fertig!

TORTIZZAS – PIZZADILLAS

Tortizzas sind einige der wenigen Dinge, die bei Betrunkenen, Nachteulen und Kindern gleichermaßen Begeisterung hervorrufen. Außerdem sind sie so leicht zu machen, dass sie ebenfalls von allen drei Gruppen problemlos zubereitet werden können. Was die Zubereitung unter Alkoholeinfluss betrifft, so kann ich sagen, dass ich äußerst gewissenhaft recherchiert habe, und ich sage Ihnen: Die kriegen Sie immer hin. IMMER.

Zutaten für 2 Portionen

- 2 Tortillas (diese flachen Maisfladen aus dem Supermarkt)
- Tomatenmark
- Oregano oder Thymian, getrocknet
- Zwiebel oder Schinken oder Paprikaschote oder was Ihnen sonst so aus dem Kühlschrank entgegenfällt. Als Regel gilt: Alles, was als Pizzabelag durchgeht, ist möglich.
- 130 g geriebener Käse (z.B. Emmentaler)
- Öl oder Butter für die Pfanne

1. Bestreichen Sie die Tortillas mit Tomatenmark und streuen Sie etwas Oregano oder eben Thymian drauf.

2. Die Zwiebel, den Schinken, die Paprika oder was Sie eben haben, klein würfeln, auf den Tortillas verteilen und mit ordentlich geriebenem Käse bedecken.

3. Klappen Sie die Tortillas jetzt einmal in der Mitte zusammen, sodass zwei Halbkreise entstehen. Erhitzen Sie etwas Butter und/oder Öl in der Pfanne und braten Sie die beiden auf jeder Seite 1 bis 2 Minuten auf kleiner bis mittlerer Flamme, bis der Käse zerlaufen ist und die Tortillas schön angebräunt sind.

4. Tortillas auf einen Teller legen, jeweils zweimal zerteilen, dann kann man sie schön mit den Fingern essen. Ganz großartig passt dazu der Joghurt-Dip von Seite 62.

FRIKKA

Frikka habe ich aus Österreich geklaut, genauer, aus Kärnten. Es ist ein Gericht, das sich früher die Holzfäller zubereitet haben, um mithilfe von viel Fett den Arbeitstag durchzustehen – also ideal für ein Katerfrühstück und nächtliche Gelage. Außerdem geht es ruckzuck.

Zutaten für 2–4 Portionen

- 2–4 Scheiben Schwarzbrot
- ca. ¼ kg Bergkäse (es gehen alle Hartkäse, Gruyère, Emmentaler, Cheddar, was Sie so haben)
- ein kleines Päckchen geräucherte Speckwürfel (so 150 g)
- eventuell Eier (3 Stück)
- Schnittlauch, wer welchen hat

Das Brot in Scheiben schneiden und diese halbieren. Den Käse in kleine Würfel schneiden, etwa ein Zentimeter. Die Speckwürfel bei mittlerer Hitze in der Pfanne anrösten und den Käse dazugeben. Wenn der Käse schmilzt, kann man noch die Eier drübergeben und sie stocken lassen (schmeckt aber auch ohne Eier hervorragend). Mit einem Esslöffel auf die Brotscheiben geben oder direkt mit dem Brot aus der Pfanne essen.

Tipp:

Das Brot ebenfalls anrösten, das macht die Sache noch etwas gschmackiger und kross.

BIKINIS

Als ich das erste Mal in Barcelona auf einer Speisekarte das Wort Bikini gelesen habe, habe ich es aus purer Neugier bestellt, ob der reizende Kellner jetzt tatsächlich … Er kam aber ganz normal angezogen wieder. Dabei hatte er: ein Sandwich, aus der Pfanne, diagonal in zwei Hälften geschnitten. Diese Dreiecke erinnern von ihrer Form her an Bikinihöschen, daher der Name.
Und auch wenn ein Sandwich jetzt nichts Besonderes ist – es gibt eine Edelvariante, die einen in die Knie gehen lässt:

Zutaten für 2 Portionen

- 4 Scheiben weißes Toastbrot
- 4 Scheiben Käse (z.B. Emmentaler)
- 4 Scheiben saftiger Schinken
- so 8 Salbeiblätter
- Butter, viel (ca. 1 cm von der schmalen Seite)

1. Zwei Toastscheiben belegen, und zwar so: Toastscheibe – Schinkenscheibe – 2 Käsescheiben- Schinkenscheibe – Toastscheibe. Diagonal in jeweils zwei Dreiecke schneiden.

2. Die Butter in einer große Pfanne (28, besser 33 Zentimeter Durchmesser) schmelzen und den Salbei darin kurz anrösten, nicht zu heiß, sonst wird er bitter. Die Töste auf die Salbeiblätter in der Pfanne legen und auf beiden Seiten schön goldbraun braten. Am besten mit einem Deckel drauf, dann schmilzt der Käse besser.

3. Durch die große Menge Butter entsteht ein herrliches Aroma. Zum Servieren die Toasts diagonal in jeweils zwei Dreiecke schneiden und mit den Salbeiblättern belegen, die schmecken super.

Tipps:

- Man kann seine Bikinis mit dünnen Tomatenscheiben, Zwiebelringen oder auch Scheiben von gekochtem Ei verfeinern, mit Ei schmeckt's hervorragend.
- Statt Salbei geht auch frischer Rosmarin!

PEINLICHE PUTE

Es gibt Leute, die kennen die Peinliche Pute (auf spanisch auch: Pollo de Verguenza), andere kennen sie nicht. Dieses Rezept wird unter der Hand weitergereicht, und zwar völlig zu Recht. Warum? Sehen Sie selbst.

Zutaten für 2 Portionen

- 2 Puten- oder Hähnchenbrustfilets
- 2 Becher Sahne (à 200 ml)
- 1 Tüte Fertig-Zwiebelsuppe (trocken)
- 200 g Hörnchennudeln oder Muschelnudeln oder irgendwelche Nudeln, in denen sich gut Sauce verfängt
- Salz

Außerdem:

- eine ofenfeste Auflaufform

1. Heizen Sie den Backofen auf 180 °C vor, legen Sie das Fleisch in eine Auflaufform, schütten Sie die Sahne und die Tüte Zwiebelsuppe drüber und rühren Sie um. Geben Sie die Form für 20 Minuten in den Ofen und kochen Sie derweil die Hörnchennudeln.

2. Fertig. Jetzt wissen Sie's. Reden wir nicht mehr darüber.

SÜßKRAM

Es soll ja Leute geben, die mögen Süßkram nicht. Alles Spinner. Süßkram ist das Versöhnlichste, was man dem Gaumen anbieten kann! Ja, Zucker ist schlecht und macht süchtig und außerdem noch dick, ABER MANCHMAL MUSS ES EBEN SCHOKOLADE SEIN – HERRGOTT-NOCHMAL!

ERDBEER-MINZ-TIRAMISU, BESCHWIPST UND UNBESCHWIPST

Diese Nachspeise ist eine Erfindung von meiner Freundin Saskia, und sie hat einen entscheidenden Nachteil (die Nachspeise, nicht Saskia): Wenn Sie die einmal mitbringen, müssen Sie die immer wieder mitbringen (die Nachspeise, nicht …).
Also auf jede Einladung zum Essen, Grillen oder sonstigem geselligen Zusammensein folgt der Nachtrag: »… und kannst du diese Erdbeer-Minz-Sache mitbringen?« Wenn Ihnen das nach dem 100. Mal langweilig wird, variieren Sie bei den Zutaten.

Zutaten für 1 Schüssel

- 1 große Schale (400 g) Erdbeeren oder Himbeeren oder Heidelbeeren
- 500 g Mascarpone
- 15 EL Kokosmilch
- 20 Minzeblätter
- 500 g Löffelbiskuit
- 8 EL Zitronensaft
- ½ l Wasser
- 4–6 EL Minzsirup

Außerdem:
- eine Schüssel mit möglichst hohem Rand

1. Erdbeeren waschen, putzen, vierteln oder halbieren. Den Mascarpone mit der Kokosmilch in eine Schüssel geben und glatt rühren. 15 Minzeblätter waschen, abtrocknen und fein hacken.

2. Erdbeeren und Minze unter die Mascarponecreme heben. Zitronensaft und Minzsirup mit dem Wasser mischen.

3. Löffelbiskuits kurz in die Sirupmischung eintauchen und dicht an dicht in die Schüssel legen, bis eine Lage voll ist.

4. Jeweils abwechselnd eine Schicht Creme und eine Schicht Löffelbiskuits in die Schüssel füllen.

5. Etwa eine Stunde kalt stellen. Zum Schluss mit den restlichen Minzeblättern dekorieren.

Fortsetzung auf der nächsten Seite ▶

Für die beschwipste Variante ersetzen Sie das hier:

- 8 EL Zitronensaft
- ½ l Wasser
- 4–6 EL Minzsirup

- … durch Mojito aus der Dose. Das bringt oft den nötigen Pepp auf Familienfeiern.

Tipp:

Statt Erdbeeren mit Minze und Zitrone kann man genauso gut Bananen mit Kakao oder Mango mit Limettensaft und Wasser oder Heidelbeeren mit Vanillemilch, oder, oder, oder verwenden …

GEFÜLLTE BANANEN

Das Lieblingsdessert des Kindes – obwohl es wirklich schlimm aussieht.

Zutaten für 2 Portionen

- 2 gut gereifte Bananen
- 1 kleine Packung Toblerone (andere Schoki geht auch)

Außerdem:

- 1 Holzspieß (es geht auch mit Zahnstochern)

1. Den Backofen auf 150 °C vorheizen.

2. Die Bananen der Länge nach tief einschneiden (nur nicht durchschneiden), etwas auseinanderdrücken und mit je 3 Toblerone-Gipfeln füllen. Die Spitze immer nach unten, optimalerweise sollte die Schokolade nicht über die Banane hinausragen.

3. Den Spieß quer durch beide Bananen stecken, so können sie im Backofen nicht umfallen. Auf ein Backblech legen und für 15 Minuten garen.

4. Die Bananen sind dann außen schwarz und sehen wirklich scheiße aus, sie schmecken aber köstlich. Mit einem kleinen Löffel servieren, die gefüllten Bananen werden direkt aus der Schale gelöffelt.

Tipp:

Es geht natürlich auch mit einem Metallspieß, allerdings verbrennt man sich damit leicht.

ZIMTSCHNECKEN FÜR FAULE

Zimtschnecken schmecken nicht nur köstlich, sie hüllen auch die ganze Wohnung in diesen heimeligen, süßen Vorfreudeduft. Es riecht so, als hätte man den halben Tag gebacken, tatsächlich ist man erst vor zehn Minuten vom Sofa aufgestanden … Das geht, weil wir nicht erst einen frischen Hefeteig basteln, ihn ruhen lassen und ihn beknien, er möge aufgehen, sondern wir nehmen den schnöden Blätterteig aus dem Kühlregal. Ein Hoch auf den Blätterteig!

Zutaten für 3–4 Portionen
(oder 1 Portion, wenn jemand Zimtschnecken wirklich gerne mag)

- 1 Rolle Blätterteig aus dem Kühlregal
- ungefähr ¼ Päckchen Butter (50–60 g)
- 4 EL Zucker
- 1 TL Zimtpulver
- 1 Ei

1. Den Backofen auf 200 °C vorheizen.

2. Die Butter in einem Topf schmelzen lassen, in einer Schale Zucker und Zimt vermischen.

3. Den Blätterteig samt Backpapier entrollen und mit der Butter bestreichen. Einen Esslöffel der Zucker-Zimt-Mischung für später aufheben, den Rest auf dem Blätterteig verteilen.

4. Den Teig einrollen und die Teigrolle quer in zwei Finger breite Scheiben schneiden. Die Schnecken auf ein mit Backpapier belegtes Backblech legen.

5. Das Ei verquirlen und die Schnecken damit einpinseln, den restlichen Zimtzucker drüber verteilen und die Schnecken 12 Minuten backen.

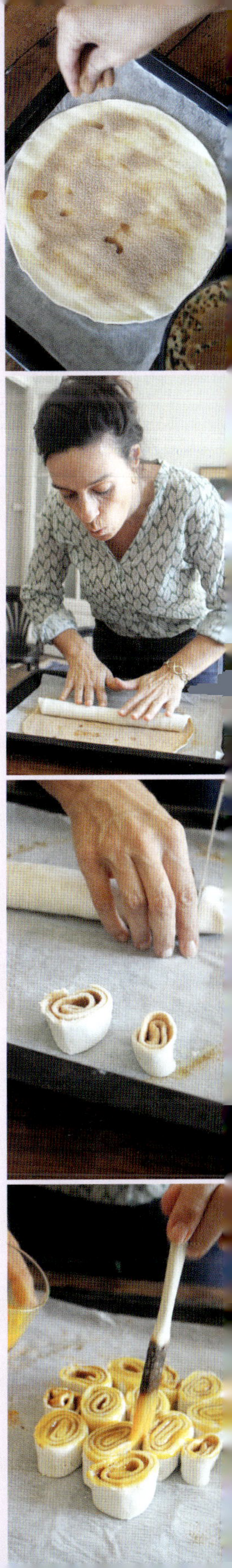

BECHERKUCHEN

Der Becherkuchen heißt so, weil er, Überraschung, als Maßeinheit einen Becher verwendet. Und mit Becher meine ich so etwas wie einen Kaffeebecher, eine Tasse. Eine Tasse, wie wir sie hier schon die ganze Zeit als Maßeinheit verwenden.
Ich habe das Rezept von meiner Tante Cornelia (Grüße) und wer den Schokoriegel Bounty schon immer mochte, wird den Becherkuchen lieben:

Zutaten für 1 Backblech

Für den Teig:
- 2 Tassen Zucker
- 4 Tassen Mehl
- 2 Tassen Buttermilch (alternativ ein Becher Joghurt und eine Tasse Milch)
- 2 Eier
- 1 Päckchen Backpulver

Für den Belag:
- 2 Tassen Kokosraspel
- 1 Tasse Zucker
- 1 Päckchen Vanillezucker
- 3 EL Butter

Außerdem:
- 1 Becher Sahne

1. Den Backofen auf 180°C vorheizen.

2. Alle Zutaten für den Teig verrühren und auf ein gefettetes, hohes Backblech streichen.

3. Alle Zutaten für den Belag verrühren und auf dem Teig verteilen.

4. 20 bis 25 Minuten backen, direkt nach dem Herausnehmen den Becher ungeschlagene Sahne drüber verteilen, fertig.

Tipp:

Eine etwas höhere Braten- oder Auflaufform braucht eher 45 bis 60 Minuten. In diesem Fall nach 25 Minuten den Kuchen mit Alufolie bedecken, damit die Kokosraspel nicht schwarz werden.

GRANDIOSE GLÄSCHEN

Die grandiosen Gläschen heißen so, weil das Kind, als es zum ersten Mal den Nachtisch bekam, auf die Frage, wie es denn schmecke, sagte: »Grandios!« Und damit hat es vollkommen recht.

Zutaten für 4 Gläschen

- 2 Becher (à 125 g) Naturjoghurt
- 50 g Puderzucker
- 1 Päckchen Vanillezucker (oder das Mark einer halben Vanilleschote, noch besser)
- 150 g Sahne
- 2 Handvoll Kekse (z.B. Butterkekse)
- 1 Schale (125 g) Himbeeren

1. Joghurt, Puderzucker und Vanille(zucker) in eine Schüssel geben und mischen. Die Sahne steif schlagen und unterheben.

2. Die Kekse zerkrümeln und eine Schicht in die Gläschen füllen. Dann eine Schicht Sahnecreme darauf verteilen, dann ein paar Himbeeren und wieder etwas Sahnecreme obendrauf.

3. Gläschen mit ein paar Kekskrümeln und Himbeeren verzieren, fertig. Wenn die Gläschen nicht gleich auf den Tisch kommen, im Kühlschrank aufbewahren!

Tipp:

Statt Himbeeren gehen auch Johannisbeeren.

KIRSCH-CLAFOUTIS

Clafoutis ist französisch und heißt so viel wie: Wir versenken Früchte in einer puddingartigen Masse und backen das dann.
In diesem Fall sind das Kirschen, Sie können aber auch Himbeeren, Aprikosen (halbe natürlich – oh Mann …), Heidelbeeren, Erdbeeren oder sonst etwas nehmen, was Ihnen grade in die Finger kommt. Das Tolle: Es ist pipieinfach.

Zutaten für eine Springform mit 22–24 cm Durchmesser

- 500 g Kirschen (dunkle, reife Kirschen – wenn Sie keine haben, nehmen Sie ein Glas Schattenmorellen, gut abtropfen lassen)
- 60 g Butter
- 3 Eier
- 120 g Zucker
- 100 g Mehl
- 1 Päckchen Vanillezucker
- 300 ml Milch
- eine Prise Salz
- Puderzucker ist schön, muss aber nicht sein

1. Den Backofen auf 180 °C vorheizen. Die Kirschen waschen und entsteinen (oder nehmen Sie lieber gleich die Schattenmorellen). Die Butter zerlassen.

2. Die Eier und den Zucker in eine Schüssel geben, cremig rühren, dann das Mehl, die Prise Salz und den Vanillezucker unterrühren, bis es ein glatter Teig ist.

3. Etwas von der flüssigen Butter in die Kuchenform geben und den Boden und den Rand buttern. Die restliche Butter in den Teig rühren.

4. Kippen Sie die Masse jetzt in die Form, verteilen Sie sie etwas und schütten Sie dann die Früchte drüber. In den Ofen und 40 Minuten backen. Einmal über das Wunderwerk puderzuckern, das sieht hübsch aus. Sahne oder Eis passt ganz großartig dazu.

Fortsetzung auf der nächsten Seite ▶

Tipps:

- Der Teig ist ziemlich flüssig – falls der Boden Ihrer Kuchenform auch nicht hermetisch dicht ist, basteln Sie aus Alufolie einen Tropfschutz um den Boden, sonst tropft das Zeug durch und beschert Ihnen Teigstalagmiten im Ofen …

- Öfen sind mitunter etwas divenhaft. Wenn Ihr Kuchen noch nicht fertig ist nach 40 Minuten, lassen Sie ihn 5 Minuten länger drin.

- Wird der Kuchen oben brauner, als Ihnen lieb ist, decken Sie ihn mit Alufolie oder Backpapier zu.

Dee Thai
DE COCO

ZITRONEN-KOKOS-KUCHEN

»Zitrone und Kokos sind ein absolutes Traumpaar«, schwärme ich – was eine Steilvorlage für meinen reizenden Lebensgefährten ist: »Stimmt! Sie sauer und er total süß! Das ist wie bei uns!«
Der Witz ist mau und ich rolle mit den Augen bis in den Hinterkopf, aber der Kuchen – der ist wunderbar. Aus mir unbekannten Gründen wird der Kuchen immer fluffig-locker, misslingt nie und schmeckt allen.

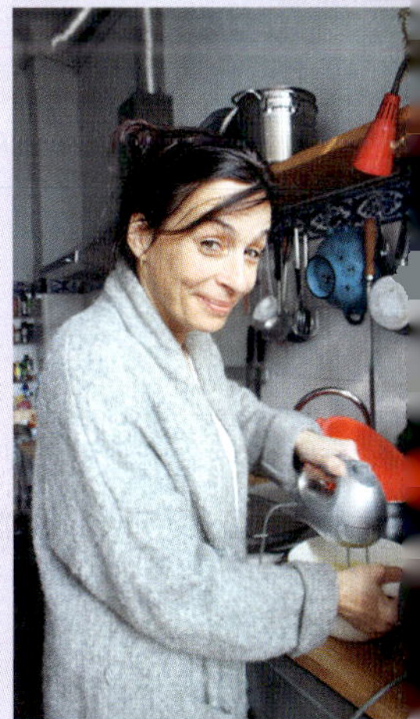

Zutaten für eine 20-cm-Kastenform

- die abgeriebene Schale von 3 Bio-Zitronen
- 100 g Kokosraspel
- 125 g weiche Butter
- 260 g Zucker
- 4 Eier
- 150 g Kokosmilch
- 200 g Mehl
- 1 Päckchen Backpulver
- Saft von 3 Zitronen
- Salz
- weiche Butter für die Form

1. Den Backofen auf 180 °C vorheizen und die Kastenform mit weicher Butter einfetten.

2. Von der abgeriebenen Schale der Zitronen einen Teelöffel zur Seite stellen, von den Kokosflocken auch (die kommen am Schluss auf den Kuchen und sehen hübsch aus).

3. Den Rest der Zitronenschale mit der Butter und der Hälfte des Zuckers in eine Schüssel geben und mit den Rührbesen des Handrührgeräts minutenlang quälen, bis sich der Zucker mit der Butter vermischt hat. Dann die Eier und die Kokosmilch unterrühren.

4. Jetzt das Mehl, die restlichen Kokosflocken, das Backpulver und die Prise Salz unterheben (geht mit einem Löffel oder einem Teigschaber). Den Teig in die Kastenform geben, glatt streichen und 50 Minuten backen.

5. Wenn der Kuchen fertig ist, lassen Sie ihn noch ein paar Minuten in seiner Kastenform verschnaufen, währenddessen machen wir den Sirup:

Fortsetzung auf der nächsten Seite ▶

6. Den Zitronensaft mit dem restlichen Zucker in einen kleinen Topf geben, aufkochen lassen und rühren, bis sich der Zucker gelöst hat.

7. Den Kuchen auf ein Kuchengitter oder auf sonst was stürzen, mit einem Holzspieß (oder einer Stricknadel, einer Gabel) auf den Kuchen einstechen und den Sirup über den Kuchen träufeln.

8. Zum Schluss mit den Kokosflocken und der Zitronenschale bestreuen.

Tipp:

Wer mag, kann den Zitronensirup mit viel Puderzucker mischen und den Kuchen damit glasieren. Darauf pappen die Kokosflocken und die Zitronenschale auch sehr schön.

PANNACOTTA-CREME AUF ZEUG

Mein meistens reizender Lebensgefährte und ich kannten uns erst ganz kurz, als er zum ersten Mal Pannacotta-Creme kredenzte. Was soll ich sagen – ich bat ihn spontan, mich zu heiraten. So lecker ist das.

Zutaten für 2–3 Portionen

- 1 Becher (250 g) Sahne
- 4–6TL Zucker
- 1 ½ Blätter Gelatine
- Zeug: Beeren und klein geschnittenes Obst aller Art

1. Die Sahne in einem Topf bei kleiner Hitze vorsichtig erhitzen, es reicht, wenn sie ganz leicht anfängt zu köcheln. Den Topf auf eine kalte Herdplatte stellen, die Sahne nach Geschmack zuckern, die heiße Sahne darf ruhig leicht überzuckert schmecken – serviert wird kalt, und kalt nehmen die Geschmacksnerven den Zucker weniger intensiv wahr.

2. Jetzt 1 ½ Blätter Gelatine dazugeben, 3 Minuten warten, bis sie richtig schön weich sind, und dann mit einem Schneebesen sehr gut verrühren. Wer mag, kann jetzt die Hälfte der Sahne in eine Schüssel geben, mit Früchten, wie Himbeeren mischen und pürieren. So lässt sich ganz einfach eine zweifarbige Combo basteln, die auch noch mit zwei unterschiedlichen Geschmacksrichtungen auftrumpfen kann.

3. Die Sahne abkühlen lassen, die gewünschte Menge Früchte in zwei auserwählte Gläser füllen, die beiden Cremes nacheinander dazufüllen, die zweite dabei sehr vorsichtig über einen Löffel oder mit einem

Fortsetzung auf der nächsten Seite ▶

Trichter in das Glas füllen, so vermischen sich die Cremes weniger und das Farbduo wird schöner. Pannacotta im Kühlschrank kaltstellen, die Creme erreicht nach 3 bis 6 Stunden die optimale Konsistenz.

Tipps:

- Wer es noch leckerer haben möchte, verwendet statt normalem Zucker ein Drittel Vanillezucker.
- Wenn man es ganz besonders süß mag, kann man die Früchte über Nacht in Zuckerlösung (Läuterzucker) einlegen (dazu 2 Tassen Wasser aufkochen und 1 ½ Tassen Zucker reinkippen, das Wasser muss dabei kochen).
- Wer im Winter mangels Alternativen auf Tiefkühlfrüchte zugreifen muss, sollte auf den Packungsinhalt achten – manche Mischungen sind sehr sauer, zum Beispiel, wenn sie sehr viele Johannisbeeren enthalten.

PFANNEN-BROWNIE

Gesegnet sei er, der göttliche Eine-Million-Kalorien-Brownie! Reinstes Hüftgold, aber hey – Kurven sind etwas Wunderbares. Außerdem haben Sie sich das verdient, weil – denken Sie sich was aus.

Dieser hier wird in der Pfanne gemacht und wenn die hübsch ist, servieren Sie ihn auch darin, das ist mal was anderes.

Zutaten für 1 Portion Hüftgold

- 150 g Butter
- 2 Eier
- 175 g Zucker
- 150 g Mehl
- 50 g ungesüßtes Kakaopulver
- 75 g Mandelblättchen (oder gehackte Walnüsse oder irgend so was)
- 50 g grob geraspelte dunkle Schokolade (geht gut mit dem Messer)
- Butter für die Pfanne

Außerdem:

- eine Pfanne! (muss nicht ofentauglich sein, etwa 26 cm Durchmesser, mit Deckel ungefähr passend)

1. Die Butter in der Mikrowelle oder in der Pfanne zergehen und etwas auskühlen lassen. Derweil die Eier mit dem Zucker in einer Schüssel cremig rühren.

2. Mehl und Kakaopulver mischen und mit der Eier-Zucker-Masse verrühren (am besten mit einem Löffel oder Teigschaber, ein Handrührgerät verteilt den Kakao und Mehl nur regelmäßig an den Küchenwänden). Zum Schluss Mandeln und Schokolade unterheben.

3. Die Pfanne mit Butter fetten und den Teig in die Pfanne matschen, glatt streichen. Den Deckel auf die Pfanne legen und den Brownie 20 Minuten bei kleiner Hitze garen.

4. Es kann sein (es ist sogar ziemlich wahrscheinlich), dass die Oberfläche nach den 20 Minuten noch nicht durchgebacken ist – das macht nichts, sondern soll so sein. Nehmen Sie die Pfanne trotzdem vom Herd, lassen Sie den Deckel drauf und geben Sie dem Ding noch 30 Minuten Zeit zum Nachgaren. Bombig mit Vanilleeis!

ZUTATENREGISTER

192 Seiten
16,99 € (D) | 17,50 € (A)
ISBN 978-3-86882-666-1

Alexandra Reinwarth

Am Arsch vorbei geht auch ein Weg

Wie sich dein Leben verbessert, wenn du dich endlich locker machst

Es gibt Momente im Leben, in denen einem klar wird, dass man etwas ändern muss. Der Moment, als Alexandra Reinwarth ihre nervige Freundin Kathrin mit einem herzlichen »Fick Dich« zum Teufel schickte, war so einer. Das Leben war schöner ohne sie – und wie viel schöner könnte es erst sein, wenn man generell damit aufhörte, Dinge zu tun, die man nicht will, mit Leuten, die man nicht mag, um zu bekommen, was man nicht braucht!
Wer noch der Meinung ist, das Leben könnte etwas mehr Freiheit, Muße, Eigenbestimmung und Schokolade vertragen und dafür weniger Kathrins, WhatsApp-Gruppen und Weihnachtsfeiern, der ist hier goldrichtig.
Lassen Sie sich von Alexandra Reinwarth inspirieren, wie man sich Leute, Dinge und Umstände am Arsch vorbei gehen lässt, aber trotzdem nicht zum Arschloch mutiert. Und lernen Sie von ihr, wie kleine Entscheidungen einen großen Effekt auf die Lebensqualität haben können.
Ganz einfach.

mvgverlag

12,99 € (D) | 12,99 € (A)
ISBN 978-3-86882-813-9

Am Arsch vorbei – die Gelassenheitsmaschine

Termine, Zeitdruck, Stress – andauernd will irgendjemand etwas von einem, andauernd muss man etwas erledigen. In solchen Situationen ist es gut zu wissen, dass es diese wundersame kleine Soundmaschine gibt, die auf emotional transparente und offenherzige Weise klarmacht, dass man gerade keinen Bock hat.
Hören wir also endlich auf, Dinge zu tun, die wir nicht wollen, mit Leuten, die wir nicht mögen! Mit dieser Soundmaschine braucht es nur einen Knopfdruck, um »Nein!« zu sagen oder klarzustellen: »Ich mach's morgen.« So ebnet sich der Weg zu einem freieren, selbstbestimmteren und zufriedeneren Leben.

Bibliografische Information der Deutschen Nationalbibliothek
Die Deutsche Nationalbibliothek verzeichnet diese Publikation in der Deutschen Nationalbibliografie. Detaillierte bibliografische Daten sind im Internet über http://d-nb.de abrufbar.

Für Fragen und Anregungen
info@mvg-verlag.de

Originalausgabe
1. Auflage 2020

Nymphenburger Straße 86
D-80636 München
Tel.: 089 651285-0
Fax: 089 652096

Redaktion: Cora Wetzstein
Texte: Alexandra Reinwarth
Rezepte: Alexandra Reinwarth und Ingo Krassnitzer
Umschlagabbildung und Fotos im Innenteil: Lucie Loret
Mitarbeit: Saskia Helletsberger, Catharina Juan Friese
Illustrationen: Laura Osswald
Satz: inpunkt[w]o, Haiger (www.inpunktwo.de)
Umschlaggestaltung: Laura Osswald
Druck: Firmengruppe APPL, aprinta Druck, Wemding
Printed in Germany

ISBN Print 978-3-7474-0171-2
ISBN E-Book (PDF) 978-3-96121-540-9
ISBN E-Book (EPUB, Mobi) 978-3-96121-541-6

Weitere Informationen zum Verlag finden Sie unter
www.mvg-verlag.de
Beachten Sie auch unsere weiteren Verlage unter www.m-vg.de